中华会计函授学校教材

会计模拟实验教程（修订版）

包洪信　主编

中国财政经济出版社

图书在版编目（CIP）数据

会计模拟实验教程/包洪信主编．—修订版．—北京：中国财政经济出版社，2008.3

中华会计函授学校教材

ISBN 978－7－5095－0459－8

Ⅰ．会…　Ⅱ．包…　Ⅲ．会计学—函授学校—教材　Ⅳ．F230

中国版本图书馆 CIP 数据核字（2008）第 006758 号

中国财政经济出版社 出版

URL：http：//ckfz.cfeph.cn

E－mail：ckfz@cfeph.cn

社址：北京市海淀区阜成路甲 28 号　邮政编码：100036

发行处电话：88190406　财经书店电话：64033436

北京财经印刷厂印刷　各地新华书店经销

787×960 毫米　16 开　12.25 印张　190 000 字

2008 年 3 月第 2 版　2010 年 2 月北京第 5 次印刷

印数：17 071—22 080　定价：28.00 元

ISBN 978－7－5095－0459－8/F·0383

（图书出现印装问题，本社负责调换）

中华会计函授学校教材编委会

保卫民　云南省中华会计函授学校校长

赵志成　北京中华会计函授学校副校长

徐　洁　中国财政经济出版社会计分社社长

徐　静　河北省中华会计函授学校校长

黄腾达　广东省会计函授职业技术学校副校长

赖日东　广西中华会计函授学校副校长

出版说明

2005年我们对中华会计函授学校教材进行了重新规划，组织编写了《基础会计》、《企业会计》、《成本会计》、《财务管理》、《经济法基础知识》、《金融基础知识》、《审计基础知识》、《会计实务操作》8门主要课程教材及相应的教学指导书。经过两年的使用，取得了满意的效果。

近年来，随着《企业会计准则》、《企业会计准则应用指南》、《中国注册会计师执业准则指南》、《中华人民共和国企业所得税法》、《中华人民共和国企业所得税法实施细则》、《中华人民共和国物权法》等法规、制度的相继发布实施，这批教材急需修订。

本次修订由中华会计函授学校委托浙江省中华会计函授学校和河南省中华会计函授学校承担主要任务，由中华会计函授学校教材编写委员会组织审定。本次修订注重基本概念、基本理论、基本业务技能的阐述，并按照新法规、新制度、新准则对教材全面予以修改和补充，对教材中存在的问题也进行了更正。本套教材通俗易懂、简明适用，既能满足职业院校教学需要，又可作为会计岗位人员短期培训、在职财会干部自学之用。

中华会计函授学校教材编写委员会

2008年1月

前 言

"实践出真知"。实践是教学工作中一个重要的环节。会计模拟实习是按会计核算的要求和实际工作的模式建立起来的会计知识阶段性实习和综合性实习的重要场所，其目的是为了加强实践性教学环节，促使学生巩固课堂教学的理论知识并与实际操作相结合，边学习，边动手，把知识逐步转化为技能培养以及提高独立思考和实际操作能力，为毕业后尽快胜任实际工作打下基础。通过会计模拟实习，要求学生对教材内容的掌握系统化、具体化，能够根据会计科目建立账簿，开设账户，熟练地掌握填制凭证、记账、结账和主要会计报表的编制方法，学会生产费用的归集分配和产品成本的计算，提高实际操作技能。

本书是为会计模拟实验编写的教材。全书以一个小型机械加工企业一个月的经济业务为素材，根据现行小企业会计制度和会计课程的教学要求编写的。可供财经类全日制院校、职业学校的学生实验使用，也可供在职会计人员培训使用。

本书由包洪信、陈云娟、吕关心和赵新负责具体的编写工作，最后由包洪信和应太松进行总纂和统稿。

由于作者水平所限，加之成书时间仓促，书中难免存在一些错误及不足之处，恳请读者批评指正。

2008 年 1 月

目　　录

一、企业概况

之江油泵油嘴厂（厂址：之江市解放路，电话：85251622）是浙江省油泵油嘴行业重点专业生产厂，全厂占地面积为16430平方米，注册资本金500万元，正式职工400余人，产品为农机和汽车及工程机械配套的165F、6120等型号的油泵柱塞偶件和4SIA、6120等型号的喷油嘴偶件。全厂设有金工、热锻、油泵、油嘴四个基本生产车间和一个负责全厂机器修理及设备安装的辅助生产车间。行政管理方面设七科一室，即生产计划科、财务会计科、技术科、供应科、销售科、人事保卫科、行政基建科和办公室。

油泵、油嘴是汽车、柴油机和工程机械的重要零部件，它是由柱塞和柱塞套互研配套而成。产品的主要材料是轴承钢，从投料到产品完工的生产周期为四十天，加工工艺在不到0.1公斤的轴承钢上进行冲、车、铣、磨、研和热处理等多道工序。现以165F油泵为例，对产品加工工艺流程用图1表示。

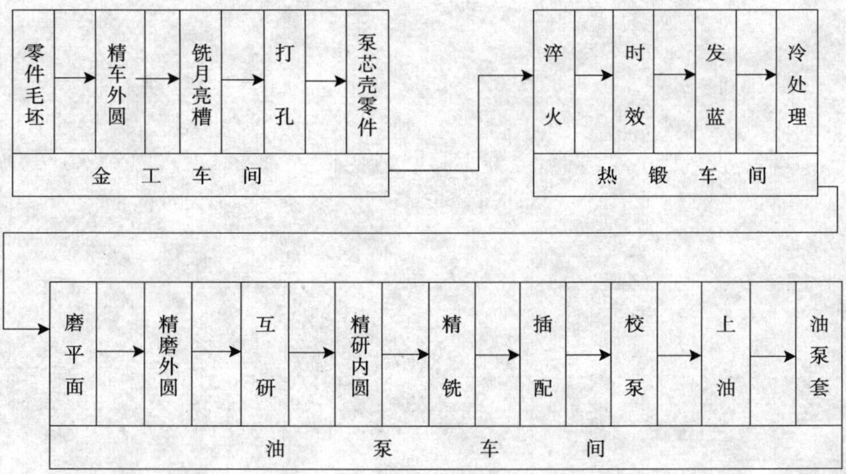

图1

该企业实行厂部一级核算形式，材料会计编制在仓库。财务会计科在厂长直接领导下，建立岗位负责制。全科共五人，其中，科长兼会计主管一人，出纳一人，成本会计一人，销售与利润业务一人，往来结算与资金业务一人。

二、有关会计制度和核算程序

该企业执行《小企业会计制度》，有关的会计政策和核算程序如下：

（一）流动资产部分

1. 该企业库存现金限额核定为 2 000 元，开户银行设在之江市工商银行，账号为 40234，厂长为沈培良，财务主管为王关清。

2. 年末按应收账款和其他应收款余额的 5‰计提坏账准备金。

3. 材料按实际成本计价。

（1）购入原料及主要材料中的轴承钢逐笔结转，其他材料至月终编制材料收入汇总表一次入账。

（2）发出材料成本除包装物单独结转外，其余材料按全月一次加权平均法计算，于月末编制发料凭证汇总表一次结转。

（3）低值易耗品采用一次摊销法。

（4）为了简化操作，不考虑运费中的增值税的抵扣问题。

4. 库存商品的收发按实际成本计价核算，采用后进先出法计算。

5. 期末，存货可变现净值没有低于存货的账面价值，因此，企业不需要提取存货跌价准备。

（二）固定资产部分

固定资产采用平均年限法计提折旧，房屋建筑物年折旧率为 3%；机器设备年折旧率为 6%。

（三）产品成本核算部分

产品成本计算实行厂部一级核算，材料为生产开始时一次投入。该企业按工艺技术过程属于复杂生产，按生产组织方式属于大量生产，但因成本管理上不需计算半成品成本，因而产品成本计算采用“品种法”核算。“生产成本——基本生产成本”明细账按产品品种设置，按成本项目设专栏。其中金工车间和热锻车间所发生的费用，平时只按车间归集加工费用，月终一次全部分配计入产品成本计算单，并单独设置“加工费用”成本项目。

产品成本按月计算。计算期内发生的费用，凡能直接计入生产成本的，则直接计入产品生产成本；不能直接计入生产成本的，则按发生地点和用途进行归集，再按生产工人工时进行分配转账。

辅助生产车间发生的费用，均在“生产成本——辅助生产成本（机修车间）”账户进行归集，月终根据提供的劳务量和车间、部门的受益进行分配。

期末在产品成本，按月通过实地盘点，在掌握在产品数量和加工程度的基础上，采用约当产量法计算。

（四）收入确认部分

1. 该企业为增值税一般纳税人，增值税税率为 17%，开具普通发票的销售业务发生时，在填制记账凭证时予以调整。纳税登记号：330114010167421。

2. 6120 油嘴、4SIA 油嘴、165F 油泵和 6120 输油泵的商品销售为企业的主营业务。

（五）税收计算部分

1. 城市维护建设税按增值税、营业税、消费税“三税”总额的 7% 计算，教育费附加按“三税”总额的 4% 计算，于次月上交税金时一并计算交纳。

2. 所得税税率为 25%，每月预缴，年终汇算清缴。

（六）利润分配部分

1. 法定盈余公积按净利润的10%于年末一次提取，不提取任意盈余公积。

2. 应分配给投资者的利润，按本年度可供分配利润的80%计算分配，其依据为各方出资比例，并于年终一次进行。

（七）会计报表编制部分

月终，根据十二月份各账户的发生额和余额及有关资料，分别编制年度资产负债表和利润表。

（八）会计核算程序

该企业采用科目汇总表会计核算程序。科目汇总表会计核算程序用图2表示。

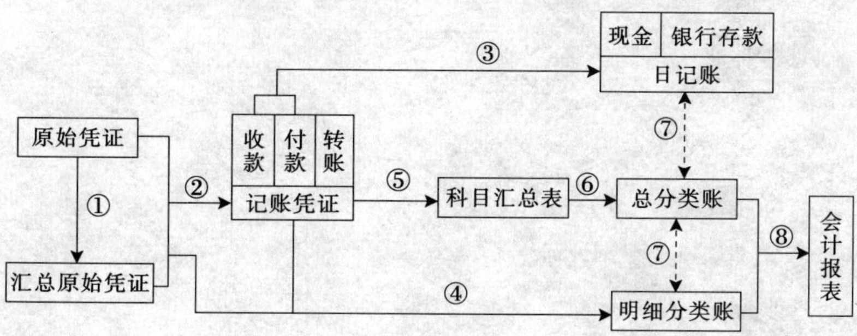

图2

三、操作程序

为了便于同学们能够比较系统地掌握会计知识和技能，该套学习资料的操作步骤为：

1. 根据有关账户的月初余额，开设有关总账和明细账。

2. 处理经济业务时，必须将教材中的原始凭证剪下，附于记账凭证之后。

3. 对编制的记账凭证进行审核，经审核无误后，根据记账凭证逐笔登记序时账、明细账。

4. 定期根据记账凭证编制科目汇总表，然后根据科目汇总表登记总账。

5. 月终，根据会计制度的规定，调整应计收入、应计费用、收入分摊、成本分摊等账项，并据以编制记账凭证入账。

6. 结计所有账簿的本期发生额和期末余额，进行试算平衡，在账证、账账、账实相符的基础上编制会计报表。

7. 将会计凭证、账簿和会计报表整理好，加具封面，装订成册并归档保管。

四、实习资料

（一）12月份有关账户的期初余额

现金	1 451.00
银行存款	787 389.84
应收票据	150 000.00
山东汽配公司	150 000.00
应收账款	449 810.00
湖南衡阳客车厂	125 000.00
河南周口市汽车配件公司	70 000.00
福建莆田农机公司	50 000.00
慈溪第二农机厂	40 000.00
湖南长沙汽配公司	510.00
临安内燃机厂	11 900.00
省农机公司	129 400.00
之江市机电公司	23 000.00
坏账准备（贷方）	1 000.00
其他应收款	12 000.00
朱震飞	500.00
行政科	1 000.00
职工食堂	10 000.00
诸云来	500.00
材料	828 120.62

原料及主要材料	675 218. 90
（其中：轴承钢 22 000 公斤，2. 40 元/公斤）	52 800. 00
辅助材料	77 500. 00

（其中：金属材料 35 000. 00 元；油料化工 25 000. 00 元；电器材料 8 000. 00元；其他材料 9 500. 00 元）

修理用备件	52 720. 80
燃料	8 600. 00
包装物	14 080. 92
低值易耗品	87 569. 24

（其中：工量具类 42 500. 00 元；五金类 23 625. 00 元；劳保类 21 444. 24元）

库存商品	282 280. 00
6120 油嘴 14 400 套，单位成本 7. 1 元	102 240. 00
4SIA 油嘴 18 000 套，单位成本 3. 18 元	57 240. 00
165F 油泵 26 000 套，单位成本 2. 10 元	54 600. 00
6120 输油泵 3 100 套，单位成本 22 元	68 200. 00
待摊费用	2 059. 00
报刊订阅费	745. 00
财产保险费	1 314. 00
长期债权投资	140 000. 00
债券投资（国库券）	140 000. 00
固定资产	3 542 632. 97
累计折旧（贷方）	399 500. 00
工程物资	22 600. 00
在建工程	652 700. 00
金工车间技改工程	628 700. 00
D16 专用车床改造	24 000. 00
无形资产	120 000. 00
专利权	120 000. 00
生产成本（见表 1）	107 381. 71

表 1 单位：元

成本项目	4SIA 油嘴	6120 油嘴	165F 油泵	6120 输油泵
直接材料	14 852. 31	9 936. 58	11 063. 57	21 978. 51
直接人工	2 168. 94	4 476. 85	6 261. 68	3 834. 43
加工费用	3 567. 48	1 769. 62	2 874. 51	4 015. 00
制造费用	4 725. 31	3 110. 48	6 946. 18	5 800. 26
合　　计	25 314. 04	19 293. 53	27 145. 94	35 628. 20

资产合计	6 785 494. 38
短期借款	180 000. 00
市工行借款	180 000. 00
应付账款	220 250. 00
杭州钢铁厂	45 600. 00
之江市农机公司	17 650. 00
上海机床公司	72 000. 00
沈阳北方冲剪机厂	35 000. 00
浙江省金属公司	50 000. 00
其他应付款	12 100. 00
之江市工业总公司	800. 00
之江电器五金厂	4 000. 00
杭州汽车发动机联营厂	400. 00
职工教育经费	5 600. 00
工会经费	1 300. 00
应付工资	78 000. 00
应交税金	33 932. 50
未交增值税	13 672. 38
应交城建税	965. 78
应交所得税	19 169. 82
应交营业税	124. 52
其他应交款	551. 88
应交教育费附加	551. 88
预提费用	2 200. 00
短期借款利息	2 200. 00

长期借款	250 000.00
市工行借款	250 000.00
实收资本	5 000 000.00
资本公积	19 150.00
盈余公积	66 225.68
法定盈余公积	66 225.68
本年利润	764 384.32
利润分配	158 700.00
未分配利润	158 700.00
负债和所有者权益合计	6 785 494.38

（二）1～11月份有关账户发生额

主营业务收入	4 860 672.60
6120 油嘴	1 642 907.34
4SIA 油嘴	714 518.87
165F 油泵	931 790.94
6120 输油泵	1 571 455.45
其他业务收入	3 854.67
主营业务成本	3 277 882.30
6120 油嘴	1 165 614.95
4SIA 油嘴	538 228.27
165F 油泵	603 785.92
6120 输油泵	970 253.16
主营业务税金及附加	17 718.60
其他业务支出	3 405.37
营业费用	26 878.67
管理费用	456 833.96
财务费用	13 972.20
营业外支出（其中21 000元为非公益性捐赠）	41 657.07
所得税	261 794.78

（三）材料目录

表 2

材料种类	计量单位	材料种类	计量单位
原料及主要材料		修理用备件	
轴承钢	千克	螺丝	只
4SIA 油嘴针伐体	只	螺帽	只
4SIA 油嘴油针	根	齿轮	只
6120 油针	根	钢珠	只
6120 交连钢油针	根	叶轮	张
165F 泵套	只	7345 轴承	根
165F 泵蕊	件	169 轴承	根
6120 输油泵顶杆套筒	个	燃料	
6120 输油泵滚轮体	只	煤	千克
6120 输油泵体	只	汽油	升
输油泵橡胶圈	个	柴油	升
输油泵防污垫圈	个	包装物	
输油泵锁圈	个	165F 油泵塑料壳	只
输油泵尼龙线	米	165F 油泵纸盒	只
输油泵弹簧	个	塑料袋	只
输油泵手柄弹簧	个	木箱	只
输油泵油塞弹簧	个	165F 油泵纸箱	只
输油泵滚轮弹簧	个	4SIA 油嘴塑料壳	只
输油泵接头垫片	片	4SIA 油嘴纸盒	只
辅助材料		4SIA 油嘴纸箱	只
金属材料类		6120 输油泵箱	只
油料化工类		6120 油嘴壳	只
电器材料类		6120 油嘴纸盒	只
其他材料类		偶件套	只

（四）12月份有关业务资料

1. 1日，收到临安内燃机厂所付的前欠货款11 900元。

2. 1日，向杭州轴承钢厂购入轴承钢6 000公斤，单价2.50元，货款15 000元，增值税2 550元，运费59元，货税款及运费以转账支票予以支付，轴承钢已验收入库。

3. 2日，购入办公用品417.72元，以现金支付，该办公用品当即由各部门领用。

4. 2日，开出转账支票支付之江电视台广告费2 300元。

5. 3日，销售给天台县农机公司6 120油嘴800套，单价12.00元；4SIA油嘴1 600套，单价4.50元；6120输油泵500套，单价40.00元，共计货款36 800元，增值税6 256元。货物自提，已向银行办妥委托收款手续（天台县农机公司的地址：城关镇，电话：4578640，纳税登记号331002147546034），开户银行及账号：县农行4092210）。

6. 4日，采购员诸云来报销差旅费574.50元，结清原借款500元，补付现金74.50元。

7. 4日，用电汇结算方式预付给无锡油泵油嘴研究所50 000元，用于购买非专利技术。（无锡油泵油嘴研究所的开户行：无锡市工行，账号750628）。

8. 4日，以转账支票予以支付孔林、姚振春第二学年电大学费1 060元。

9. 4日，开出现金支票，向银行提取现金1 000元。

10. 5日，向市工行借入期限为10个月的生产周转贷款100 000元，月利率为6.6‰。

11. 5日，交纳上月增值税13 672.38元，营业税124.52元，城建税965.78元；教育费附加551.88元，预交所得税19 169.82元，共计34 484.38元。

12. 5日，向杭州机床厂购进需安装的横研机一台，价款15 000元，增值税2 550元，运费320元，货款及运费以转账支票予以支付，横研机已验收入库。

13. 7日，销售给义乌市农机公司165F油泵2200套，单价4.00元；4SIA油嘴2 000套，单价4.30元；6120油嘴2 200套，单价10.00元，共计货款

39 400元，增值税 6 698 元，收到银行汇票一张，面额 48 000 元，货物自提（义乌市农机公司地址：义乌市城中路，电话 5525078，开户行：义乌市农行，账号：2550921；纳税登记号：330711010123456）。

14. 8 日，以银行存款支付上月的工会经费 1 300 元。

15. 9 日，根据工资发放汇总表从银行提取现金 71 452. 50 元。

16. 9 日，根据工资发放汇总表发放工资，并结算其代扣代垫款。

17. 9 日，销售给本市农机公司 165F 油泵 3 000 套，单价 3. 90 元，6120 输油泵 1 000 套，单价 40. 00 元，6120 油嘴 1 500 套，单价 12. 00 元，共计货款 69 700 元，增值税 11 849 元，货物自提，收到市农机公司交来的转账支票一份。（市农机公司地址：市建国路 38 号，电话：85654341，开户行：市农行，账号：746924，纳税登记号：330714010167589）。

18. 12 日，机修车间领出横研机，进行安装。

19. 12 日，开出信汇凭证预付给湖北十堰第二汽车制造厂购车款 40 000 元（湖北十堰第二汽车制造厂地址：湖北省武汉市，开户行：市工行，账号：770205）。

20. 12 日，开出信汇凭证予以支付前欠上海机床公司外圆磨床款 72 000 元（上海机床厂的开户行：市工行虹口区分行，账号：2233038）。

21. 15 日，职工郭明预借差旅费 1 000 元，开出现金支票予以支付。

22. 16 日，收到临安内燃机厂预付给本企业的货款 20 000 元。

23. 16 日，收到杭州钢铁厂发来轴承钢 5 000 公斤，单价 2. 60 元，货款 13 000 元，增值税2 210元，运费 227 元，货税款及运费尚未支付，轴承钢已验收入库。

24. 16 日，销售给安徽宣城农机公司 165F 油泵 5 000 套，单价 3. 80 元；6120 输油泵 400 套，单价 40. 00 元；4SIA 油嘴 2 000 套，单价 4. 50 元；共计货款 44 000 元，增值税 7 480 元，代垫运费 129 元，以现金支付，并已办妥委托收款手续（安徽宣城农机公司地址：宣城县红军路，电话：7548210，开户行：县农行，账号：75028，纳税登记号：340314809259682）。

25. 16 日，收到福建莆田农机公司所支付的货款 50 000 元。

26. 17 日，收到无锡油泵油嘴研究所寄来的有关非专利技术的资料，及本企业所付款项的发票。

27. 18 日，开出转账支票予以支付会务费 1 800 元。

28. 19 日，从市金属公司购入轴承钢 4 000 公斤，单价 2. 50 元，货款

10 000元，增值税 1 700 元，轴承钢已验收入库，货款未付。

29. 19 日，开出现金支票从银行提取现金 800 元。

30. 20 日，接银行通知，支付市邮电局电话费 1 472. 40 元。

31. 20 日，销售给临安内燃机厂 6120 输油泵 500 套，单价 40. 00 元，共计货款 20 000 元，增值税 3 400 元，用现金支付运费 84. 50 元，运费由本企业负担。（内燃机厂地址：城关镇人民路，电话：87532069，开户行：市工行，账号：862456，纳税登记号：330114060709218）。

32. 20 日，预付给杭州轴承钢厂货款 30 000 元。

33. 21 日，用信汇结算方式支付前欠沈阳北方冲剪机厂货款 35 000 元。

34. 21 日，用转账支票支付明年上半年的财产保险费 16 000 元。

35. 22 日，销售给杭州农机公司 4SIA 油嘴 2 000 套，单价 4. 50 元；6120 油嘴 2 000 套，单价 12. 00 元；165F 油泵 3 000 套，单价 4. 00 元，共计货款 45 000 元，增值税 7 650 元，货物自提，已向银行办妥委托收款手续（杭州农机公司地址：杭州市中山路，电话：85670842，开户行：市农行，账号：754621，纳税登记号：330101411805476）。

36. 22 日，收到安徽宣城农机公司支付的货款及运费 51 609 元，存入银行。

37. 24 日，销售给金华市农机公司 165F 油泵 1 200 套，单价 4. 00 元；6120 输油泵 400 套，单价 40. 00 元；4SIA 油嘴 4000 套，单价 4. 30 元，共计货款 38 000 元，增值税 6 460 元，货物自提，已向银行办妥托收手续（金华市农机公司地址：八一北路 46 号，电话：2327159，开户行：市农行，账号：886051，纳税登记号：330702101320859）。

38. 25 日，根据实地盘点发现盘盈材料 1 079. 35 元，盘亏材料 1 453. 91 元。材料盘盈盘亏，已报批准进行转账处理。

39. 25 日，根据固定资产清理报告表，报废研磨机一台；原价 24 000 元，已提折旧 18 400 元；正常报废幼儿园招待所房屋，原价 10 000 元，已提折旧 9 000元。

40. 25 日，出售报废研磨机的废旧物资 200 元，以现金收讫。报废研磨机已经清理完毕。

41. 25 日，接银行通知本期利息收入 385. 65 元。

42. 25 日，支付本季度短期借款利息共计 3 750 元。

43. 25 日，开出转账支票予以支付明年上半年报刊杂志费 4 500 元。

44. 26 日，按银行通知支付水费 7 000 元，增值税 910 元。

45. 26 日，按银行通知支付电费 12 706. 93 元，增值税 2 160. 18 元。

46. 26 日，从湖北十堰第二汽车制造厂所购入的汽车已到达，通过验收投入使用。

47. 26 日，郭明出差去提汽车回来报销差旅费 936. 90 元，交回现金 63. 10 元。

48. 26 日，销售给福建莆田农机公司 4SIA 油嘴 1 000 套，单价 4. 50 元；6120 油嘴 3 000 套，单价 11. 00 元；6120 输油泵 200 套，单价 40. 00 元，共计货款 45 500 元，增值税 7 735 元。以现金支付运费 224. 16 元，并已办妥委托收款手续。（福建莆田农机公司地址：莆田城关，电话：6625760，纳税登记号：350802958070127）。

49. 26 日，销售给之江市滨江区农机公司 4SIA 油嘴 2 000 套，单价 4. 40 元；6120 油嘴1 500套，单价 12. 00 元；165F 油泵 3 000 套，单价 3. 80 元，共计货款 38 200 元，增值税 6 494 元，货物自提，收到之江市滨江区农机公司交来转账支票一份，将其送存银行（之江市滨江区农机公司地址：城中路 32 号，电话：86695321，开户行：市农行，账号：356918，纳税登记号：330114030438294）。

50. 27 日，对东风机械厂投出研磨机一台，原值 100 000 元，已提折旧 48 800元，评估确认价为 60 000 元，投资期限为二年。

51. 27 日，用银行存款支付职工社会保险基金 7 281. 56 元。

52. 27 日，开出转账支票予以支付办公楼的修缮费 10 400 元。

53. 27 日，以银行存款购入准备随时转让的方正科技股票 10 000 股，买价 100 000 元，佣金 400 元，过户费 5 元，印花税 500 元。

54. 27 日，经确认应收湖南长沙汽配公司的货款 510 元无法收回，经批准确认为坏账处理。

55. 28 日，结转本季应交的房产税、车船使用税。

56. 29 日，销售给某个体户 4SIA 油嘴 200 套，单价 5. 30 元（含税，下同）；6120 油嘴 100 套，单价 15. 00 元；165F 油泵 300 套，单价 5. 00 元；6120 输油泵 20 套，单价 50. 00 元，开出普通发票共计 5 060 元，货款以现金收讫，并当即将现金存入银行。

57. 29 日，以现金支付有关客户的就餐费 368 元。

58. 29 日，开出转账支票支付给之江市资产评估事务所（开户行：市建行，账户：756810）资产评估费361.50元。

59. 30日，销售给建德市农机公司6120油嘴2 000套，单价12.00元；165F油泵4 000套，单价4.00元；6120输油泵500套，单价45.00元，共计货款62 500元，增值税10 625元，货物自提，收到对方签发并由银行承兑的银行承兑汇票一份（建德市农机公司地址：白沙镇城西路，电话：87642358，开户行：市建行，账户：743256，纳税登记号：330113147736748）。

60. 31日，结转生产产品领用包装物4 460.51元。

61. 31日，结转在建工程领用的工程物资17 418.19元。

62. 31日，结转并支付长期借款的利息6 352.00元。

63. 31日，根据材料收入汇总表结转本企业所购入的其他材料（货税款已付），材料已入库。

64. 31日，根据工资分配汇总表分配本月工资。

65. 31日，按工资总额计提本月的工会经费及职工教育经费。

66. 31日，结转生产产品领用的材料。

67. 31日，结转各生产车间、企业管理部门、在建工程领用辅助材料及燃料。

68. 31日，结转各车间、企业管理部门领用的低值易耗品。

69. 31日，分配结转本月电费（分配率保留四位小数）。

70. 31日，分配结转本月水费。

71. 31日，结转无形资产摊销。

72. 31日，摊销本月应负担的待摊费用。

73. 31日，计提本月固定资产折旧。

74. 31日，分配辅助生产费用（分配率保留四位小数，尾数差额计入管理费用）。

75. 31日，横研机安装完工投入使用。

76. 31日，D16专用车床改造工程完工，投入使用。

77. 31日，分配金工车间、热锻车间的加工费用（分配率保留四位小数）。

78. 31日，分配油泵车间、油嘴车间的制造费用（分配率保留四位小数）。

79. 31日，按约当产量法计算完工产品的成本（分配率保留四位小数）。

80. 31日，按应收账款和其他应收款的余额计提坏账准备金。

81. 31 日，计提本年度国库券利息 14 000 元。

82. 31 日，结转已销售商品的销售成本。

83. 31 日，结转未交增值税。

84. 31 日，计算应交的城市维护建设税及教育费附加。

85. 31 日，年终进行汇算清缴，结转应交的所得税（假定：除国库券利息收入和非公益性捐赠应调整外，无其他调整项目）。

86. 31 日，期末将损益类账户的余额转入到“本年利润”账户。

87. 31 日，将本年度实现的净利润转入“利润分配”账户。

88. 31 日，计提盈余公积金。

89. 31 日，按规定计算出应付投资者的利润。

90. 31 日，将“利润分配”的明细账转入到“利润分配——未分配利润”明细账中。

五、凭证资料

①

托收凭证（汇款依据或收账通知）

委托日期20××年11月25日

4

付款期限　年　月　日

<table>
<tr><td colspan="2">业务类型</td><td colspan="6">委托收款（☑邮划、□电划）　托收承付（□邮划、□电划）</td></tr>
<tr><td rowspan="3">付款人</td><td>全　称</td><td colspan="2">临安内燃机厂</td><td rowspan="3">收款人</td><td>全　称</td><td colspan="2">之江油泵油嘴厂</td></tr>
<tr><td>账　号</td><td colspan="2">862456</td><td>账　号</td><td colspan="2">40234</td></tr>
<tr><td>地　址</td><td>浙江省临安市　开户行</td><td>市工行</td><td>地　址</td><td>浙江省之江市　开户行</td><td>市工行</td></tr>
<tr><td>金额</td><td colspan="4">人民币（大写）：壹万壹仟玖佰元整</td><td colspan="3">亿 千 百 十 万 千 百 十 元 角 分
¥ 1 1 9 0 0 0 0</td></tr>
<tr><td colspan="2">款项内容</td><td>销货款</td><td>托收凭据名称</td><td colspan="2">发票　No. 0208241</td><td>附寄单证张数</td><td></td></tr>
<tr><td colspan="2">商品发运情况</td><td colspan="3"></td><td colspan="2">合同名称号码</td><td></td></tr>
<tr><td colspan="3">备注：

复核　　记账</td><td colspan="4">上列款项已划回收入你方账户内。

收款人开户银行签章
20××年12月1日</td><td></td></tr>
</table>

此联付款人开户行凭以汇款或收款人开户银行作收账通知

②$\frac{1}{4}$

浙江增值税专用发票

No. 0208456

发　票　联　　开票日期：20××年11月29日

购货单位	名　　称：之江油泉油嘴厂 纳税人识别号：330114010167421 地址、电话：之江市解放路　85251622 开户行及账号：市工行　40234					密码区		
货物或应税劳务名称		规格型号	单位	数量	单价	金额	税率	税额
轴承钢			公斤	6000	2.50	15000.00	17%	2550.00
合　计						15000.00		2550.00
价税合计（大写）		壹万柒仟伍佰伍拾元整				（小写）￥17550.00		
销货单位	名　　称：杭州轴承钢厂 纳税人识别号：330113010124385 地址、电话：杭州市秋涛路 88038653 开户行及账号：市工行　456692					备注		

第二联：发票联　购货方记账凭证

收款人：　　复核：　　开票人：李民　　销货单位：（章）

---

②$\frac{2}{4}$

公路、内河货物运输业统一发票

地　税

发　票　联

发票代码：

开票日期：20××年12月1日　　发票号码：002563

机打代码 机打号码 机器编号		税控码	
收货人及纳税人识别号	之江油泉油嘴厂	承运人及纳税人识别号	市运输公司
发货人及纳税人识别号	杭州轴承钢厂	主管税务机关及代码	
运输项目及金额	轴承钢3件59元	其他项目及金额	备注：　（手写无效） 承运人盖章
运费小计	59.00	其他费用小计	
合计（大写）	伍拾玖元整		（小写）￥59.00

第二联　发票联　付款方记账凭证

开票人：陈　玲

②$\frac{3}{4}$

中国工商银行 转账支票存根 $\frac{B}{0}\frac{M}{2}$ 001016 附加信息 出票日期 年 月 日 收款人： 金 额： 用 途： 单位主管 会计	本支票付款期限十天	中国工商银行 **转账支票** $\frac{B}{0}\frac{M}{2}$ 001016 出票日期（大写） 年 月 日 付款行名称： 收款人： 出票人账号： 人民币（大写） 亿 千 百 十 万 千 百 十 元 角 分 用途 上列款项请从 我账户内支付 出票人签章 复核 记账

②$\frac{4}{4}$

之江油泵油嘴厂　　材料类别：原材料

物资交仓验收单

供货单位：杭州轴承钢厂

发票号码：NO. 0208456　　20××年12月1日　　交验单第 号

编号	名称及规格	单位	数量	单价	金额	验收数量	计划价格		价格差异	
							单价	总额	增	减
	轴承钢	公斤	6000	2.50	15000.00	6000				
包装、运输、管理及其他					59.00					
合计					¥15059.00					

②财务

记账：　　验收：王平　　采购：陆芳

③ $\frac{1}{3}$

浙江省货物销售统一发票

发　票　联　　之江　No. 002562

20××年12月2日

<table>
<tr><td rowspan="2">购货方</td><td>名　称</td><td colspan="3">之江油泵油嘴厂</td><td colspan="3">识别号或证件号</td><td colspan="8"></td></tr>
<tr><td>地址、电话</td><td colspan="3"></td><td colspan="3">开户行及账号</td><td colspan="8"></td></tr>
<tr><td colspan="2" rowspan="2">货物名称</td><td rowspan="2">规格</td><td rowspan="2">单位</td><td rowspan="2">数量</td><td rowspan="2">单价</td><td colspan="8">金额</td><td rowspan="6">第二联：发票联</td></tr>
<tr><td>十</td><td>万</td><td>千</td><td>百</td><td>十</td><td>元</td><td>角</td><td>分</td></tr>
<tr><td colspan="2">办公盒等</td><td></td><td></td><td></td><td></td><td></td><td></td><td>¥</td><td>1</td><td>3</td><td>0</td><td>0</td><td>0</td></tr>
<tr><td colspan="2"></td><td></td><td></td><td></td><td></td><td></td><td></td><td></td><td></td><td></td><td></td><td></td><td></td></tr>
<tr><td colspan="2"></td><td></td><td></td><td></td><td></td><td></td><td></td><td></td><td></td><td></td><td></td><td></td><td></td></tr>
<tr><td colspan="2">合计人民币（大写）</td><td colspan="6">⊗拾⊗万⊗仟壹佰叁拾零元零角零分</td><td colspan="6">¥130.00</td></tr>
<tr><td rowspan="2">销售方</td><td>开户银行</td><td></td><td>结算方式</td><td colspan="2">现金</td><td rowspan="2">备注</td><td colspan="8" rowspan="2"></td></tr>
<tr><td>账　号</td><td></td><td>联系电话</td><td colspan="2"></td></tr>
</table>

开票人：　　收款人：杨　　开票单位（未盖章无效）：

---

③ $\frac{2}{3}$

浙江省货物销售统一发票

发　票　联　　之江　No. 002563

20××年12月2日

<table>
<tr><td rowspan="2">购货方</td><td>名　称</td><td colspan="3">之江油泵油嘴厂</td><td colspan="3">识别号或证件号</td><td colspan="8"></td></tr>
<tr><td>地址、电话</td><td colspan="3"></td><td colspan="3">开户行及账号</td><td colspan="8"></td></tr>
<tr><td colspan="2" rowspan="2">货物名称</td><td rowspan="2">规格</td><td rowspan="2">单位</td><td rowspan="2">数量</td><td rowspan="2">单价</td><td colspan="8">金额</td><td rowspan="6">第二联：发票联</td></tr>
<tr><td>十</td><td>万</td><td>千</td><td>百</td><td>十</td><td>元</td><td>角</td><td>分</td></tr>
<tr><td colspan="2">玻璃台板等</td><td></td><td></td><td></td><td></td><td></td><td></td><td>¥</td><td>2</td><td>8</td><td>7</td><td>7</td><td>2</td></tr>
<tr><td colspan="2"></td><td></td><td></td><td></td><td></td><td></td><td></td><td></td><td></td><td></td><td></td><td></td><td></td></tr>
<tr><td colspan="2"></td><td></td><td></td><td></td><td></td><td></td><td></td><td></td><td></td><td></td><td></td><td></td><td></td></tr>
<tr><td colspan="2">合计人民币（大写）</td><td colspan="6">⊗拾⊗万⊗仟贰佰捌拾柒元柒角贰分</td><td colspan="6">¥287.72</td></tr>
<tr><td rowspan="2">销售方</td><td>开户银行</td><td></td><td>结算方式</td><td colspan="2">现金</td><td rowspan="2">备注</td><td colspan="8" rowspan="2"></td></tr>
<tr><td>账　号</td><td></td><td>联系电话</td><td colspan="2"></td></tr>
</table>

开票人：　　收款人：杨　　开票单位（未盖章无效）：

③ $\frac{3}{3}$

办公用品领用表

20××年12月2日

领用车间和部门	领用数量					金额
机修车间			（略）			11.00
金工车间						11.00
油泵车间						16.80
油嘴车间						16.80
厂部管理部门						362.12
合计						¥417.72

---

④ $\frac{1}{2}$

中国工商银行
转账支票存根
$\frac{B}{0}$ $\frac{M}{2}$ 001017
附加信息
出票日期　年　月　日

收款人：
金　额：
用　途：

单位主管　　会计

本支票付款期限十天

中国工商银行　**转账支票**　$\frac{B}{0}$ $\frac{M}{2}$ 001017

出票日期（大写）　年　月　日　付款行名称：
收款人：　出票人账号：

人民币（大写）	亿	千	百	十	万	千	百	十	元	角	分

用途

上列款项请从
我账户内支付
出票人签章　　复核　　记账

④$\frac{2}{2}$

浙江省之江市广告业专用发票

地 税

发 票 联

发票代码：

发票号码：0242618

本发票限于20××年12月31日前填开使用方为有效。 开票日期：20××年12月2日

第二联：发票联

<table>
<tr><td>付款户名</td><td colspan="2">之江油泵油嘴厂</td><td>付款方式</td><td colspan="8">转账</td><td>备 注</td></tr>
<tr><td rowspan="2" colspan="1">项目摘要及合同号</td><td rowspan="2">单 位</td><td rowspan="2">数 量</td><td rowspan="2">单 价</td><td colspan="8">金 额</td><td rowspan="6"></td></tr>
<tr><td>十</td><td>万</td><td>千</td><td>百</td><td>十</td><td>元</td><td>角</td><td>分</td></tr>
<tr><td>广告费</td><td></td><td></td><td></td><td></td><td>¥</td><td>2</td><td>3</td><td>0</td><td>0</td><td>0</td><td>0</td></tr>
<tr><td></td><td></td><td></td><td></td><td></td><td></td><td></td><td></td><td></td><td></td><td></td><td></td></tr>
<tr><td></td><td></td><td></td><td></td><td></td><td></td><td></td><td></td><td></td><td></td><td></td><td></td></tr>
<tr><td colspan="12">合计人民币（大写） ⊗佰⊗拾⊗万贰仟叁佰零拾零元零角零分 ¥2300.00</td><td></td></tr>
</table>

开票人：朱振 收款人：王林 收款单位（发票专用章）

---

⑤$\frac{1}{2}$

浙江增值税专用发票

No. 0208251

此联不作报销、扣税凭证使用 开票日期：

第二联：记账联 销货方记账凭证

<table>
<tr><td rowspan="4">购货单位</td><td colspan="4">名　　称：</td><td rowspan="4">密码区</td><td colspan="4" rowspan="4"></td></tr>
<tr><td colspan="4">纳税人识别号：</td></tr>
<tr><td colspan="4">地 址 、电 话：</td></tr>
<tr><td colspan="4">开户行及账号：</td></tr>
<tr><td colspan="2">货物或应税劳务名称</td><td>规格型号</td><td>单 位</td><td>数 量</td><td>单 价</td><td>金 额</td><td>税率</td><td>税 额</td><td></td></tr>
<tr><td colspan="2"></td><td></td><td></td><td></td><td></td><td></td><td></td><td></td><td></td></tr>
<tr><td colspan="2"></td><td></td><td></td><td></td><td></td><td></td><td></td><td></td><td></td></tr>
<tr><td colspan="2"></td><td></td><td></td><td></td><td></td><td></td><td></td><td></td><td></td></tr>
<tr><td colspan="2">合　　计</td><td></td><td></td><td></td><td></td><td></td><td></td><td></td><td></td></tr>
<tr><td colspan="2">价税合计（大写）</td><td colspan="8">（小写）</td></tr>
<tr><td rowspan="4">销货单位</td><td colspan="3">名　　称：</td><td rowspan="4" colspan="2">备注</td><td colspan="4" rowspan="4"></td></tr>
<tr><td colspan="3">纳税人识别号：</td></tr>
<tr><td colspan="3">地 址 、电 话：</td></tr>
<tr><td colspan="3">开户行及账号：</td></tr>
</table>

收款人： 复核： 开票人：李民 销货单位：（章）

⑤ $\frac{2}{2}$

托收凭证 （受理回单） 1

委托日期 20××年12月3日

业务类型	委托收款（☑邮划、□电划）				托收承付（□邮划、□电划）		
付款人 全 称	天台县农机公司			收款人 全 称	之江油泵油嘴厂		
付款人 账 号	4092210			收款人 账 号	40234		
付款人 地 址	浙江省天台县	开户行	县工行	收款人 地 址	浙江省之江市	开户行	市工行
金额 人民币（大写）	肆万叁仟零伍拾陆元整						

亿	千	百	十	万	千	百	十	元	角	分
			¥	4	3	0	5	6	0	0

款项内容	销货款	托收凭据名称	发票 No. 0208251	附寄单证张数	
商品发运情况	自提		合同名称号码		
备注： 复核 记账	款项收妥日期 年 月 日		收款人开户银行签章 20××年12月3日		

此联作收款人开户银行给收款人的受理回单

---

⑥ $\frac{1}{2}$

差旅费报销单

20××年12月4日

出差人姓名：诸云来										
出差事由日期及地点：11月28日至12月1日上海采购电器材料										
报销项目	火车费	汽车费	轮船费	其他车船费	住宿费	住勤费	在途			合计
单据张数					（略）					
报销金额										
人民币（大写）伍佰柒拾肆元伍角整									¥ 574.50	
原借款 ¥500.00 除报销上项金额外应补付									¥ 74.50	

核准：沈培良　　财务主管：王关清 12.4　　报销人：诸云来

⑥$\frac{2}{2}$

浙江省非税收入统一票据

执收单位代码：　　票据编码：No. 7050

执收单位：之江油泵油嘴厂　　20××年12月4日

交款人	诸云来		交款书号码		
收入项目编码	非税收入项目	计量单位	数量	标准	金额
	交回原借款				500.00
合计人民币（大写）　伍佰元整					¥：500.00
执收单位财务专用章		经手人	赵有城	缴款方式	1. 现金☑ 2. 转账☐
说明					

第三联：记账联（财务）

---

⑦$\frac{1}{2}$

之江油泵油嘴厂

汇款通知单

20××年12月4日

汇入单位	无锡油泵油嘴研究所		
汇入银行	无锡市工行	账号	750628
汇款原因：购非专利技术			
金额（大写）伍万元整			¥50000.00
审批人意见：同意　沈培良 12.4		经办人签章：陈　根	

⑦$\frac{2}{2}$

中国工商银行电汇凭证（回　单）

No. 浙 03304400

委托日期　20××年 12 月 4 日　　　　1 第　　号

<table>
<tr><td rowspan="3">汇款人</td><td>全　称</td><td colspan="3">之江油泵油嘴厂</td><td rowspan="3">收款人</td><td>全　称</td><td colspan="3">无锡油泵油嘴研究所</td></tr>
<tr><td>账　号或住址</td><td colspan="3">40234</td><td>账　号或住址</td><td colspan="3">750628</td></tr>
<tr><td>汇　出地　点</td><td>浙江省之江市</td><td>汇出行名　称</td><td>市工行</td><td>汇　出地　点</td><td>江苏省无锡市</td><td>汇出行名　称</td><td>市工行</td></tr>
<tr><td>金额</td><td>人民币（大写）</td><td colspan="8">伍万元整
千 百 十 万 千 百 十 元 角 分
¥ 5 0 0 0 0 0 0</td></tr>
<tr><td colspan="6">汇款用途：购非专利技术</td><td colspan="4">汇出行盖章</td></tr>
</table>

单位主管：　　会计：　　复核：　　记账：　　20××年 12 月 4 日

此联汇出行给汇款人的回单

---

⑧$\frac{1}{2}$

浙江省学校教育收费专用票据

执收单位代码：　　20××年 12 月 4 日　　票据编码：之财 No. 9051

<table>
<tr><td>交　款　人</td><td colspan="2">孔林、姚振春</td><td>班　级</td><td colspan="2"></td><td>学　号</td></tr>
<tr><td>收费项目编码</td><td>收费项目</td><td>标准</td><td>数　量</td><td>金　额</td><td>代　管　费</td><td>金　额</td></tr>
<tr><td></td><td>学费</td><td></td><td></td><td>1060.00</td><td></td><td></td></tr>
<tr><td></td><td></td><td></td><td></td><td></td><td></td><td></td></tr>
<tr><td></td><td></td><td></td><td></td><td></td><td></td><td></td></tr>
<tr><td colspan="4">小　　计</td><td>1060.00</td><td>小　计</td><td></td></tr>
<tr><td colspan="5">合计人民币（大写）　壹仟零陆拾元整</td><td colspan="2">¥：1060.00</td></tr>
<tr><td>执收单位财务专用章</td><td></td><td>收款人（签名）</td><td>赵　春</td><td colspan="3">摘要
第二学年电大学费</td></tr>
</table>

第二联：收据联

⑧ $\frac{2}{2}$

中国工商银行
转账支票存根
$\frac{B}{0}\frac{M}{2}$ 001018
附加信息

出票日期 年 月 日

收款人：
金 额：
用 途：

单位主管 会计

本支票付款期限十天

中国工商银行 **转账支票** $\frac{B}{0}\frac{M}{2}$ 001018

出票日期（大写） 年 月 日 付款行名称：
收款人： 出票人账号：

人民币（大写）	亿	千	百	十	万	千	百	十	元	角	分

用途

上列款项请从
我账户内支付
出票人签章 复核 记账

⑨

中国工商银行
现金支票存根
$\frac{B}{0}\frac{M}{2}$ 0001
附加信息

出票日期20××年12月4日

收款人：之江油泵油嘴厂
金 额：壹仟元整
用 途：备用金

单位主管 会计

本支票付款期限十天

中国工商银行 **现金支票**（浙） $\frac{B}{0}\frac{M}{2}$ 0001

出票日期（大写） 年 月 日 付款行名称：
收款人： 出票人账号：

人民币（大写）	亿	千	百	十	万	千	百	十	元	角	分

用途

上列款项请从
我账户内支付
出票人签章 复核 记账

⑩ $\frac{1}{2}$

企业编号	银行编号

中国工商银行之江市工行**借款借据**（回单）

20××年12月5日 ⑥

<table>
<tr><td>借款单位全称</td><td colspan="3">之江油泵油嘴厂</td><td>存款户账号</td><td colspan="10">40234</td></tr>
<tr><td>贷款种类</td><td>生产周转贷款</td><td>利率</td><td>月6.6‰</td><td>贷款户账号</td><td colspan="10">340234</td></tr>
<tr><td rowspan="2">贷款金额
（大　写）</td><td colspan="4" rowspan="2">人民币：壹拾万元整</td><td>千</td><td>百</td><td>十</td><td>万</td><td>千</td><td>百</td><td>十</td><td>元</td><td>角</td><td>分</td></tr>
<tr><td></td><td>¥</td><td>1</td><td>0</td><td>0</td><td>0</td><td>0</td><td>0</td><td>0</td><td>0</td></tr>
<tr><td>借款原因或用途</td><td colspan="2">生产周转</td><td colspan="2">约定还款日期</td><td colspan="10">20××年10月5日</td></tr>
<tr><td colspan="3">备注：</td><td colspan="12">上列贷款已转入你单位的存款户

银行公章</td></tr>
</table>

此联代存款账户收账通知

⑩$\frac{2}{2}$

中国工商银行之江支行

小型企业借款申请书

编号：　　年　　号第　　页

申请日期：　　20××年12月2日　　金额单位：万元

<table>
<tr><td>借款人名称</td><td>之江油泵油嘴厂</td><td>经营地址</td><td></td></tr>
<tr><td>借款人类型</td><td colspan="3">①国有　②集体　③个体　④合作经营　⑤有限责任公司　⑥其他</td></tr>
<tr><td>营业执照号码</td><td rowspan="5">（略）</td><td>联系电话</td><td rowspan="5">（略）</td></tr>
<tr><td>资产总额</td><td>负债总额</td></tr>
<tr><td>存　货</td><td>注册资本</td></tr>
<tr><td>应收账款</td><td>累计销售（申请日止前12个月）</td></tr>
<tr><td>固定资产净值</td><td>利润（申请日止前12个月）</td></tr>
<tr><td>申请金额（大写）</td><td>壹拾万元整</td><td>计划还款日期</td><td></td></tr>
<tr><td>借款用途
及
还款来源</td><td colspan="3">（略）</td></tr>
</table>

<table>
<tr><td rowspan="6">担保状况</td><td>抵</td><td>抵押人</td><td rowspan="6">（略）</td><td>抵押物地址</td><td colspan="3"></td></tr>
<tr><td>押</td><td>抵押物名称</td><td>抵押物价值</td><td></td><td>抵押期限</td><td></td></tr>
<tr><td>质</td><td>出质人</td><td>质物名称</td><td colspan="3" rowspan="4">（略）</td></tr>
<tr><td>押</td><td>质押期限</td><td>质物价值</td></tr>
<tr><td>保</td><td>保证人</td><td>信用等级</td></tr>
<tr><td>证</td><td>保证期限</td><td>保证能力</td></tr>
<tr><td colspan="8">本借款人对上述资料的真实性负责。

借款人签名（盖章）　沈培良</td></tr>
</table>

⑪ 1/4

国

中华人民共和国税收通用缴款书

（021）浙 国缴电 № 0974763

隶属关系：市属

注册类型：国有　　填发日期：20××年12月5日　　征收机关：之江市国税局直属分局

缴款单位（人）	代码	330114010167421	预算科目	编码	×××
	全称	之江油泵油嘴厂		名称	××
	开户银行	市工行储税专柜		级次	××
	账号	×××	收款国库	之江市金库	
税款所属时期	20××年11月　日		税款限缴日期	20××年12月10日	
品目名称	课税数量	计税金额或销售收入	税率或单位税额	税率或扣除额	实缴金额
农机配件 汽车配件		（略）	（略）	（略）	9819.22 3853.16
金额合计（大写）：壹万叁仟陆佰柒拾贰元叁角捌分					￥：13672.38
缴款单位（人）（盖章）经办人（章）	税务机关（盖章）填票人（章）	上列款项已收妥并划转收款单位账户 国库（银行）盖章　年　月　日		备注：	

无银行收讫章无效

第一联（收据）国库（银行）收款盖章后退缴款单位（人）作完税凭证

逾期不缴按税法规定加收滞纳金

---

⑪ 2/4

中国工商银行
转账支票存根
B/0 M/2 001019

附加信息

出票日期　年　月　日

收款人：
金　额：
用　途：

单位主管　　　会计

本支票付款期限十天

中国工商银行　转账支票

B/0 M/2 001019

出票日期（大写）　年　月　日　　付款行名称：

收款人：　　出票人账号：

人民币（大写）	亿	千	百	十	万	千	百	十	元	角	分

用途＿＿＿＿＿＿

上列款项请从
我账户内支付
出票人签章　　　　复核　　　记账

⑪ 3/4

中华人民共和国税收转账专用完税证

地

征收机关：之江市地税局直属分局　　填发日期：20××年12月5日　　（2004）浙地转完　№ 0919090

纳税人代码	330114010167421			开户银行	市工行储税专柜		
纳税人名称	之江油泵油嘴厂			账　号	×××		
税　种	品目名称	税款所属时期	课税数量	计税金额或销售收入	税率或单位税额	已缴或扣除额	实缴金额
营业税	使用权转让	20××年11月		2490.44	5%		124.52
城市维护建设税		20××年11月		13796.90	7%		965.78
教育费附加		20××年11月		13796.90	4%		551.88
企业所得税		20××年11月		76679.28	25%		19169.82
金额合计	（大写）贰万零捌佰壹拾贰元整						¥20812.00
税务机关（盖章）	收款银行（盖章）	填票人（章）	备注				

第一联（收据）纳税人作完税凭证

不得用于收取现金税款

---

⑪ 4/4

中国工商银行 转账支票存根	中国工商银行　转账支票
B/0 M/2 001020	B/0 M/2 001020
附加信息	出票日期（大写）　年　月　日　　付款行名称：
	收款人：　　出票人账号：
	人民币（大写）　亿 千 百 十 万 千 百 十 元 角 分
出票日期　年　月　日	用途
收款人：	上列款项请从
金　额：	我账户内支付
用　途：	出票人签章　　复核　　记账
单位主管　　会计	

本支票付款期限十天

⑫$\frac{1}{4}$

浙江增值税专用发票

No. 004728

发 票 联

开票日期：20××年12月5日

<table>
<tr><td rowspan="4">购货单位</td><td colspan="5">名　　称：之江油泵油嘴厂</td><td rowspan="4">密码区</td><td colspan="3" rowspan="4"></td></tr>
<tr><td colspan="5">纳税人识别号：330114010167421</td></tr>
<tr><td colspan="5">地 址 、电 话：之江市解放路　85251622</td></tr>
<tr><td colspan="5">开户行及账号：市工行　40234</td></tr>
<tr><td colspan="2">货物或应税劳务名称</td><td>规格型号</td><td>单　位</td><td>数　量</td><td>单　价</td><td>金　额</td><td>税率</td><td>税　额</td><td></td></tr>
<tr><td colspan="2">横研机</td><td></td><td>台</td><td>1</td><td>15000.00</td><td>15000.00</td><td>17%</td><td>2550.00</td><td></td></tr>
<tr><td colspan="2"></td><td></td><td></td><td></td><td></td><td></td><td></td><td></td><td></td></tr>
<tr><td colspan="2"></td><td></td><td></td><td></td><td></td><td></td><td></td><td></td><td></td></tr>
<tr><td colspan="2">合　　计</td><td></td><td></td><td></td><td></td><td>15000.00</td><td></td><td>2550.00</td><td></td></tr>
<tr><td colspan="2">价税合计（大写）</td><td colspan="8">壹万柒仟伍佰伍拾元整　　（小写）¥：17550.00</td></tr>
<tr><td rowspan="5">销货单位</td><td colspan="4">名　　称：杭州机床厂</td><td rowspan="5">备注</td><td colspan="4" rowspan="5"></td></tr>
<tr><td colspan="4">纳税人识别号：3301020742864</td></tr>
<tr><td colspan="4">地 址 、电 话：杭州市西湖路</td></tr>
<tr><td colspan="4">85128746</td></tr>
<tr><td colspan="4">开户行及账号：市工行　765321</td></tr>
</table>

收款人：朱增有　　复核：　　开票人：　　销货单位：（章）

第二联：发票联　购货方记账凭证

---

⑫$\frac{2}{4}$

公路、内河货物运输业统一发票

地　税

发 票 联

发票代码：

开票日期：20××年12月5日　　发票号码：00201

<table>
<tr><td>机打代码
机打号码
机器编号</td><td colspan="2"></td><td>税控码</td><td colspan="2"></td></tr>
<tr><td>收货人及
纳税人识别号</td><td colspan="2">之江油泵油嘴厂</td><td>承运人及
纳税人识别号</td><td colspan="2">杭州市运输公司</td></tr>
<tr><td>发货人及
纳税人识别号</td><td colspan="2">杭州机床厂</td><td>主管税务机关
及　代　码</td><td colspan="2"></td></tr>
<tr><td>运输项目及金额</td><td>横研机 320.00</td><td>其他项目及金额</td><td colspan="2"></td><td>备注：　（手写无效）

承运人盖章</td></tr>
<tr><td>运费小计</td><td>320.00</td><td>其他费用小计</td><td colspan="3"></td></tr>
<tr><td>合计（大写）</td><td colspan="5">叁佰贰拾元整　　（小写）¥320.00</td></tr>
</table>

开票人：方志明

第二联　发票联　付款方记账凭证

⑫ $\frac{3}{4}$

中国工商银行
转账支票存根
$\frac{B}{0}$ $\frac{M}{2}$ 001021

附加信息

出票日期　年　月　日

收款人：
金　额：
用　途：

单位主管　　会计

本支票付款期限十天

中国工商银行　**转账支票**　$\frac{B}{0}$ $\frac{M}{2}$ 001021

出票日期（大写）　年　月　日　付款行名称：

收款人：　出票人账号：

人民币（大写）	亿	千	百	十	万	千	百	十	元	角	分

用途

上列款项请从
我账户内支付
出票人签章　　复核　　记账

⑫ $\frac{4}{4}$

之 江 油 泵 油 嘴 厂

专项设备验收单

供货单位：杭州机床厂

发标号码：No. 004728　　交验单第　号

房屋及设备名称	规　格	单　位	数　量	单　价	进项税额	金　额
横　研　机		台	1	15000.00	2550.00	17550.00
包装、运输、管理及其他	×	×	×	×		320.00
合　　计	×	×	×	×		¥17870.00

②财务

记账：　　验收：王芳　　采购：陆平

⑬ $\frac{1}{4}$

浙江增值税专用发票

No. 0208252

此联不作报销、扣税凭证使用　　开票日期：

<table>
<tr><td>购货单位</td><td colspan="4">名　　称：
纳税人识别号：
地 址 、电 话：
开户行及账号：</td><td>密码区</td><td colspan="3"></td></tr>
<tr><td colspan="2">货物或应税劳务名称</td><td>规格型号</td><td>单　位</td><td>数　量</td><td>单　价</td><td>金　　额</td><td>税率</td><td>税　　额</td></tr>
<tr><td colspan="2"></td><td></td><td></td><td></td><td></td><td></td><td></td><td></td></tr>
<tr><td colspan="2"></td><td></td><td></td><td></td><td></td><td></td><td></td><td></td></tr>
<tr><td colspan="2"></td><td></td><td></td><td></td><td></td><td></td><td></td><td></td></tr>
<tr><td colspan="2">合　　计</td><td></td><td></td><td></td><td></td><td></td><td></td><td></td></tr>
<tr><td colspan="2">价税合计（大写）</td><td colspan="7">（小写）</td></tr>
<tr><td>销货单位</td><td colspan="3">名　　称：
纳税人识别号：
地 址 、电 话：
开户行及账号：</td><td>备注</td><td colspan="4"></td></tr>
</table>

第二联：记账联　销货方记账凭证

收款人：　　复核：　　开票人：　　销货单位：（章）

⑬ $\frac{2}{4}$

<table>
<tr><td>银行打印</td><td colspan="6">中国工商银行之江市分行进账单（收账通知）　　年　月　日</td></tr>
<tr><td rowspan="3">出票人</td><td>全　　称</td><td></td><td rowspan="3">持票人</td><td>全　　称</td><td colspan="2"></td></tr>
<tr><td>账　　号</td><td></td><td>账　　号</td><td colspan="2"></td></tr>
<tr><td>开户银行</td><td></td><td>开户银行</td><td colspan="2"></td></tr>
<tr><td colspan="6">人民币
（大写）</td><td>千 百 十 万 千 百 十 元 角 分</td></tr>
<tr><td colspan="2">票据种类</td><td></td><td colspan="4" rowspan="3">持票人开户行盖章</td></tr>
<tr><td colspan="2">票据张数</td><td></td></tr>
<tr><td colspan="3">单位主管　会计　复核　记账</td></tr>
</table>

第一联　此联是持票人开户银行交给持票人的收账通知

⑬ $\frac{3}{4}$

付款期限
壹个月

中国农业银行　　　　$\frac{BA}{01}$ 068356

㊣　　银 行 汇 票　　②　　第　号

<table>
<tr><td colspan="11">出票日期：（大写） 贰零某某年拾贰月伍日　　兑付地点：之江市　兑付行：工商行　行号：236</td></tr>
<tr><td colspan="11">收款人：之江油泵油嘴厂　　账号：40234</td></tr>
<tr><td colspan="11">出票金额 人民币（大写）肆万捌仟元整</td></tr>
<tr><td rowspan="2">实际结算金额 人民币（大写）</td><td>千</td><td>百</td><td>十</td><td>万</td><td>千</td><td>百</td><td>十</td><td>元</td><td>角</td><td>分</td></tr>
<tr><td></td><td></td><td></td><td></td><td></td><td></td><td></td><td></td><td></td><td></td></tr>
</table>

申 请 人：义乌市农机公司　　账号或住址：2550921

签 发 行：市农行　行号：762

汇款用途：货　款

签发行盖章：

<table>
<tr><td colspan="9">多余金额</td><td>科　目（付）</td></tr>
<tr><td>百</td><td>十</td><td>万</td><td>千</td><td>百</td><td>十</td><td>元</td><td>角</td><td>分</td><td>对方科目（收）</td></tr>
<tr><td></td><td></td><td></td><td></td><td></td><td></td><td></td><td></td><td></td><td>兑付日期　年　月　日
复核　记账</td></tr>
</table>

本汇票和汇款讫通知一并由汇款人自带。

⑬ $\frac{4}{4}$

付款期限
壹个月

中国农业银行　　解讫　　$\frac{BA}{01}$ 068356

银 行 汇 票　　通知　③　　第　号

<table>
<tr><td colspan="11">出票日期：（大写） 贰零某某年拾贰月伍日　　兑付地点：之江市　兑付行：工商行　行号：236</td></tr>
<tr><td colspan="11">收款人：之江油泵油嘴厂　　账号：40234</td></tr>
<tr><td colspan="11">出票金额 人民币（大写）肆万捌仟元整</td></tr>
<tr><td rowspan="2">实际结算金额 人民币（大写）</td><td>千</td><td>百</td><td>十</td><td>万</td><td>千</td><td>百</td><td>十</td><td>元</td><td>角</td><td>分</td></tr>
<tr><td></td><td></td><td></td><td></td><td></td><td></td><td></td><td></td><td></td><td></td></tr>
</table>

申 请 人：义乌市农机公司　　账号或住址：2550921

签 发 行：市农行　行号：762

汇款用途：货　款

兑付行盖章：

复核　　经办

<table>
<tr><td colspan="9">多余金额</td><td>科　目（付）</td></tr>
<tr><td>百</td><td>十</td><td>万</td><td>千</td><td>百</td><td>十</td><td>元</td><td>角</td><td>分</td><td>对方科目（收）</td></tr>
<tr><td></td><td></td><td></td><td></td><td></td><td></td><td></td><td></td><td></td><td>兑付日期　年　月　日</td></tr>
</table>

本汇票由付行兑付后随报单寄签发行，

由签发行作多余款收入传票。

⑭

行政拨交工会经费缴款书（回单）

缴款日期 20××年 12 月 8 日

缴款单位	全称	之江油泵油嘴厂	职工人数							
	账号	40234	上月工资总额	65000.00						
	开户银行	市工行	拨交工会经费月份	20××年 12 月						
金额	应缴工会经费	（大写）壹仟叁佰元整		万	千	百	十	元	角	分
				¥	1	3	0	0	0	0
	扣交滞纳金	自 年 月 日至 年 月 日共 天×5%								
	合计	（大写）壹仟叁佰元整		¥	1	3	0	0	0	0

按右列比例办理	银行 工会户								支行 总工会户								
	比例	账号	万	千	百	十	元	角	分	比例	账号	万	千	百	十	元	角	分
	60%									40%								
	备注：1. 应在每月 15 日前拨交上月工会经费。 2. “扣交滞纳金”栏，由（市）县总工会计算填列，并加章后，配款单位开户银行办理。									（付款单位开户银行盖章）								

此联由付款单位开户银行盖章后交付款单位

---

⑮

中国工商银行 现金支票存根 $\frac{B}{0}\frac{M}{2}$ 0002 附加信息 出票日期 年 月 日 收款人： 金 额： 用 途： 单位主管 会计	本支票付款期限十天	中国工商银行 **现金支票**（浙） $\frac{B}{0}\frac{M}{2}$ 0002 出票日期（大写） 年 月 日 付款行名称： 收款人： 出票人账号： 人民币（大写） 亿 千 百 十 万 千 百 十 元 角 分 用途 上列款项请从 我账户内支付 出票人签章 复核 记账

⑯

之江油泵油嘴厂工资结算汇总表

20××年12月7日　　单位:元

部门人员别		职工人数	基本工资	经常性生产奖	补贴和津贴		加班加点工资	应扣工资		应付工资	代扣款项				实发金额	部门工资核算员签章
部门名称	人员类别				物价补贴	中夜班津贴		病假	事假		电费	人托费	水费	小计		
油泵车间	生产工人	70	8329.53	2602	1680	340	525	243	174	13059.53	201	510	214	925	12134.53	略
	管理人员	9	1009.29	300	216	26	140	30	20	1641.29	23	68	24	115	1526.29	
油嘴车间	生产工人	118	14948.37	3966	2832	538	566	407	185	22258.37	320	918	350	1588	20670.37	
	管理人员	15	1929.20	406	360	40	62	49	29	2719.20	33	134	40	207	2512.20	
金工车间	生产工人	38	5113.82	1239	912	142	74	128	82	7270.82	98	238	97	433	6837.82	
	管理人员	5	519.63	139	120	18	13	14	9	786.63	12	68	12	92	694.63	
热锻车间	生产工人	27	3428.27	829	648	128	22	43	71	4941.27	81	238	86	405	4536.27	
	管理工员	3	313.80	85	72	14	15	11	4	484.80	5	34	5	44	440.80	
机修车间		38	4613.32	1159	912	145	107	135	62	6739.32	76	204	79	359	6380.32	
企业管理部门		95	9857.47	2945	2342	12	76	32	154	15046.47	197	272	96	565	14481.47	
在建工程		6	885.80	186	162	21	18		16	1256.80	9		10	19	1237.80	
合计		424	50948.50	13856	10256	1424	1618	1092	806	76204.50	1055	2684	1013	4752	71452.50	

⑰$\frac{1}{3}$

浙江增值税专用发票

No. 0208253

此联不作报销、扣税凭证使用　　开票日期：

购货单位	名　　称： 纳税人识别号： 地 址 、电 话： 开户行及账号：			密码区			
货物或应税劳务名称	规格型号	单　位	数　量	单　价	金　额	税率	税　额
合　计							
价税合计（大写）						（小写）	
销货单位	名　　称： 纳税人识别号： 地 址 、电 话： 开户行及账号：			备注			

第二联：记账联　销货方记账凭证

收款人：　　复核：　　开票人：　　销货单位：（章）

⑰$\frac{2}{3}$

本支票付款期限十天

中国工商银行　转账支票

$\frac{B}{0}\frac{M}{2}$ 001963

出票日期（大写）贰零某某年拾贰月零玖日　付款行名称：市农行

收款人：之江油泵油嘴厂　　出票人账号：746924

人民币（大写）：捌万壹仟伍佰肆拾玖元整	亿	千	百	十	万	千	百	十	元	角	分
				¥	8	1	5	4	9	0	0

用途 购货款

上列款项请从

我账户内支付

出票人签章　　复核　　记账

⑰ $\frac{3}{3}$

银行打印

中国工商银行之江市分行**进账单**（收账通知）　　年　月　日

出票人	全　称		持票人	全　称	
	账　号			账　号	
	开户银行			开户银行	

人民币（大写）	千	百	十	万	千	百	十	元	角	分

票据种类		
票据张数		
单位主管　会计　复核　记账		持票人开户行盖章

第一联　此联是持票人开户银行交给持票人的收账通知

---

⑱ 之江油泵油嘴厂专项设备领用单

领料部门：机修车间 20××年 12 月 12 日

设备名称	规　格	单　位	数　量	单　价	金　额
横　研　机		台	1	17870.00	¥17870.00
用途：安装。			领料人		陈丽花
审批意见：同意领用安装　**沈培良** 12.12					

记账：　　　　保管：**夏　林**

⑲ $\frac{1}{2}$

之江油泵油嘴厂

汇款通知单 20××年12月12日

汇入单位	湖北十堰第二汽车制造厂		
汇入银行	湖北武汉市工行	账号	770205
汇款原因：预付购货款			
金额（大写）肆万元整			¥ 40000.00
审批人意见：同意 **沈培良** 12.12		经办人签章：**赵福根**	

⑲ $\frac{2}{2}$

中国工商银行 **信汇凭证**（回 单） **1**

委托日期 20××年12月12日 浙00423700

汇款人	全称	之江油泵油嘴厂	收款人	全称	湖北十堰第二汽车制造厂
	账号	40234		账号	770205
	汇出地点	浙江省之江市		汇入地点	湖北省武汉市
汇出行名称		市工行	汇入行名称		市工行
金额	人民币（大写）：肆万元整		亿千百十万千百十元角分		¥4000000
汇出行签章			支付密码		
			附加信息及用途：预付购货款		
			复核：		记账：

此联汇出行给汇款人的回单

⑳ $\frac{1}{2}$

之江油泵油嘴厂

汇款通知单

20××年12月12日

汇入单位	上海机床公司		
汇入银行	上海市工行	账号	2233038
汇款原因：支付购货款			
金额（大写） 柒万贰仟元整			¥：72000.00
审批人意见：同意 沈培良 12.12		经办人签章：陆平	

⑳ $\frac{2}{2}$

中国工商银行 信汇凭证（回 单） 1

委托日期 20××年12月12日 浙00423701

汇款人	全称	之江油泵油嘴厂	收款人	全称	上海机床公司
	账号	40234		账号	2233038
	汇出地点	浙江省之江市		汇入地点	上海市
汇出行名称		市工行	汇入行名称		市工行

金额	人民币（大写）：柒万贰仟元整	亿	千	百	十	万	千	百	十	元	角	分
					¥	7	2	0	0	0	0	0

汇出行签章	支付密码
	附加信息及用途： 支付前欠外园磨床款 复核： 记账：

此联汇出行给汇款人的回单

㉑ $\frac{1}{2}$

之江油泵油嘴厂
（借）款单

20××年12月15日

款项内容：	去湖北十堰第二汽车制造厂提汽车
人民币（大写）壹仟元整	¥1000.00
审批人意见： 同意 **沈培良** 12.15	领款人签章： **郭 明**

㉑ $\frac{2}{2}$

中国工商银行 现金支票存根

$\frac{B}{0}\frac{M}{2}$ 0003

附加信息

出票日期 年 月 日

收款人：郭明
金 额：壹仟元整
用 途：备用金

单位主管 会计

本支票付款期限十天

中国工商银行 **现金支票**（浙） $\frac{B}{0}\frac{M}{2}$ 0003

出票日期（大写） 年 月 日 付款行名称：

收款人： 出票人账号：

人民币（大写）	亿	千	百	十	万	千	百	十	元	角	分

用途

上列款项请从

我账户内支付

出票人签章 复核 记账

㉒ 中国工商银行信汇凭证（收账通知或取款收据） 4

委托日期 20××年12月12日 浙00044360

<table>
<tr><td rowspan="3">汇款人</td><td>全称</td><td>临安内燃机厂</td><td rowspan="3">收款人</td><td>全称</td><td colspan="11">之江油泵油嘴厂</td></tr>
<tr><td>账号</td><td>862456</td><td>账号</td><td colspan="11">40234</td></tr>
<tr><td>汇出地点</td><td>浙江省临安市</td><td>汇入地点</td><td colspan="11">浙江省之江市</td></tr>
<tr><td colspan="2">汇出行名称</td><td>市工行</td><td colspan="2">汇入行名称</td><td colspan="11">市工行</td></tr>
<tr><td rowspan="2">金额</td><td colspan="4" rowspan="2">人民币（大写）：贰万元整</td><td>亿</td><td>千</td><td>百</td><td>十</td><td>万</td><td>千</td><td>百</td><td>十</td><td>元</td><td>角</td><td>分</td></tr>
<tr><td></td><td></td><td>¥</td><td>2</td><td>0</td><td>0</td><td>0</td><td>0</td><td>0</td><td>0</td><td>0</td></tr>
<tr><td colspan="3">汇款用途：预付购货款</td><td colspan="2"></td><td colspan="11">留行待取预留收款人印章</td></tr>
<tr><td colspan="3">上列款项已代进账、如有错误请持此单来行面洽。此致
（开户单位）
（汇入行盖章）
20××年12月16日</td><td colspan="2">上列款项已照收无误
（收款人盖章）
20××年12月16日</td><td colspan="11">科目（付）
对方科目（收）
汇入行解汇日期
20××年12月16日
复核员 出纳员
记账员</td></tr>
</table>

此联是给收款单位的收款通知或代取款收据

㉓ $\frac{1}{3}$ 浙江增值税专用发票 No. 0407625

发 票 联 开票日期：20××年12月15日

<table>
<tr><td rowspan="4">购货单位</td><td colspan="4">名称：之江油泵油嘴厂</td><td rowspan="4">密码区</td><td colspan="4" rowspan="4"></td></tr>
<tr><td colspan="4">纳税人识别号：330114010167421</td></tr>
<tr><td colspan="4">地址、电话：之江市解放路 85251622</td></tr>
<tr><td colspan="4">开户行及账号：市工行 40234</td></tr>
<tr><td colspan="2">货物或应税劳务名称</td><td>规格型号</td><td>单位</td><td>数量</td><td>单价</td><td>金额</td><td>税率</td><td>税额</td></tr>
<tr><td colspan="2">轴承钢</td><td></td><td>公斤</td><td>5000</td><td>2.60</td><td>13000.00</td><td>17%</td><td>2210.00</td></tr>
<tr><td colspan="2"></td><td></td><td></td><td></td><td></td><td></td><td></td><td></td></tr>
<tr><td colspan="2"></td><td></td><td></td><td></td><td></td><td></td><td></td><td></td></tr>
<tr><td colspan="2">合计</td><td></td><td></td><td></td><td></td><td>13000.00</td><td></td><td>2210.00</td></tr>
<tr><td colspan="2">价税合计（大写）</td><td colspan="7">壹万伍仟贰佰壹拾元整 （小写）¥15210.00</td></tr>
<tr><td rowspan="4">销货单位</td><td colspan="3">名称：杭州钢铁厂</td><td rowspan="4">备注</td><td colspan="4" rowspan="4"></td></tr>
<tr><td colspan="3">纳税人识别号：330103010143085</td></tr>
<tr><td colspan="3">地址、电话：杭州市半山区 87259018</td></tr>
<tr><td colspan="3">开户行及账号：市工行 38756243</td></tr>
</table>

收款人： 复核： 开票人： 销货单位：（章）

第二联：发票联 购货方记账凭证

㉓ $\frac{2}{3}$

公路、内河货物运输业统一发票

地税

发票联

发票代码：

开票日期：20××年12月1日

发票号码：001121

<table>
<tr><td colspan="2">机打代码
机打号码
机器编号</td><td colspan="2"></td><td>税控码</td><td></td></tr>
<tr><td colspan="2">收货人及纳税人识别号</td><td colspan="2">之江油泵油嘴厂</td><td>承运人及纳税人识别号</td><td>市运输公司</td></tr>
<tr><td colspan="2">发货人及纳税人识别号</td><td colspan="2">杭州钢铁厂</td><td>主管税务机关及代码</td><td></td></tr>
<tr><td>运输项目及金额</td><td>轴承钢227元</td><td>其他项目及金额</td><td colspan="2"></td><td>备注：（手写无效）

承运人盖章</td></tr>
<tr><td colspan="2">运费小计 227.00</td><td colspan="2">其他费用小计</td><td colspan="2"></td></tr>
<tr><td colspan="2">合计（大写）贰佰贰拾柒元整</td><td colspan="4">（小写）￥227.00</td></tr>
</table>

第二联 发票联 付款方记账凭证

开票人：方志

㉓ $\frac{3}{3}$

之江油泵油嘴厂

材料类别：原材料

物资交收验收单

供货单位：杭州钢铁厂

发票号码：NO.0407625 　　20××年12月16日 　　交验单第　号

<table>
<tr><td rowspan="2">编号</td><td rowspan="2">名称及规格</td><td rowspan="2">单位</td><td rowspan="2">数量</td><td rowspan="2">单价</td><td rowspan="2">金额</td><td rowspan="2">验收数量</td><td colspan="2">计划价格</td><td colspan="2">价格差异</td></tr>
<tr><td>单价</td><td>总额</td><td>增</td><td>减</td></tr>
<tr><td></td><td>轴承钢</td><td>公斤</td><td>5000</td><td>2.60</td><td>13000</td><td>5000</td><td></td><td></td><td></td><td></td></tr>
<tr><td></td><td></td><td></td><td></td><td></td><td></td><td></td><td></td><td></td><td></td><td></td></tr>
<tr><td></td><td></td><td></td><td></td><td></td><td></td><td></td><td></td><td></td><td></td><td></td></tr>
<tr><td></td><td></td><td></td><td></td><td></td><td></td><td></td><td></td><td></td><td></td><td></td></tr>
<tr><td colspan="2">包装、运输、管理及其他</td><td>×</td><td>×</td><td>×</td><td>227</td><td>×</td><td>×</td><td>×</td><td>×</td><td>×</td></tr>
<tr><td colspan="2">合计</td><td>×</td><td>×</td><td>×</td><td>13227</td><td>×</td><td>×</td><td></td><td></td><td></td></tr>
</table>

②财务

记账： 　　验收：李国民 　　采购：洪志成

㉔ $\frac{1}{3}$

浙江增值税专用发票

No. 0208254

此联不作报销、扣税凭证使用　　　　开票日期：

购货单位	名　　称： 纳税人识别号： 地 址 、电 话： 开户行及账号：			密码区				
货物或应税劳务名称	规格型号	单　位	数　量	单　价	金　　额	税率	税　　额	
合　　计								
价税合计（大写）						（小写）		
销货单位	名　　称： 纳税人识别号： 地 址 、电 话： 开户行及账号：		备注					

第二联：记账联　销货方记账凭证

收款人：　　复核：　　开票人：　　销货单位：（章）

㉔ $\frac{2}{3}$

公路、内河货物运输业统一发票

地　税

发　票　联

发票代码：

开票日期：20××年 12 月 16 日　　　　发票号码：2608

机打代码 机打号码 机器编号			税控码	
收货人及纳税人识别号	安徽宣城县农机公司		承运人及纳税人识别号	市运输公司
发货人及纳税人识别号	之江油泵油嘴厂		主管税务机关及代码	
运输项目及金额	165F 油泵 20 件 40.80 元 1620 输油泵 20 件 63.20 元 4SIA 油嘴 10 件 25.00 元	其他项目及金额		备注:(手写无效) 承运人盖章
运费小计	129.00		其他费用小计	
合计（大写）	壹佰贰拾玖元整		（小写）￥129.00	

第二联　发票联　付款方记账凭证

开票人：马　良

㉔ $\frac{3}{3}$

托收凭证 （受理回单） 1

委托日期20××年12月16日

业务类型	委托收款（☑邮划、☐电划）					托收承付（☐邮划、☐电划）			
付款人	全称	安徽宣城农机公司			收款人	全称	之江油泵油嘴厂		
	账号	75028				账号	40234		
	地址	安徽省宣城县	开户行	县农行		地址	浙江省之江市	开户行	市工行
金额	人民币（大写）：伍万壹仟陆佰零玖元整								
款项内容	销货款	托收凭据名称	发票 No. 0208241		附寄单证张数				
商品发运情况					合同名称号码				
备注： 复核 记账		款项收妥日期 年 月 日			收款人开户银行签章 20××年12月16日				

亿	千	百	十	万	千	百	十	元	角	分
			¥	5	1	6	0	9	0	0

此联作收款人开户银行给收款人的受理回单

㉕

托收凭证（汇款依据或收账通知） 4

委托日期20××年11月28日　　付款期限　年　月　日

业务类型	委托收款（☑邮划、☐电划）					托收承付（☐邮划、☐电划）			
付款人	全称	福建莆田农机公司			收款人	全称	之江油泵油嘴厂		
	账号	5678029				账号	40234		
	地址	福建省莆田县	开户行	县农行		地址	浙江省之江市	开户行	市工行
金额	人民币（大写）：伍万元整								
款项内容	销货款	托收凭据名称	发票 No. 0208244		附寄单证张数				
商品发运情况					合同名称号码				
备注： 复核 记账		上列款项已划回收入你方账户内。 收款人开户银行签章 20××年12月16日							

亿	千	百	十	万	千	百	十	元	角	分
			¥	5	0	0	0	0	0	0

此联付款人开户行凭以汇款或收款人开户银行作收账通知

㉖

江苏省非税收入统一票据

票据编码：

执收单位代码：

锡财（01）　No. 02006

执收单位：无锡油泵油嘴研究所　　20××年12月10日

交款人	之江油泵油嘴厂		交款书号码		
收入项目编码	非税收入项目	计量单位	数量	标准	金额
	非专利技术	件	1	50000.00	50000.00
合计人民币（大写）：伍万元整					¥50000.00
执收单位财务专用章		经手人	吴根东	缴款方式	1. 现金□ 2. 转账☑
说明					

第二联　收据联（财务）

㉗ $\frac{1}{2}$

中国工商银行
转账支票存根
$\frac{B}{0}\frac{M}{2}$ 001023
附加信息

出票日期　年　月　日

收款人：
金　额：
用　途：

单位主管　　会计

本支票付款期限十天

中国工商银行　**转账支票**　$\frac{B}{0}\frac{M}{2}$ 001023

出票日期（大写）　年　月　日　付款行名称：

收款人：　出票人账号：

人民币（大写）	亿	千	百	十	万	千	百	十	元	角	分

用途________

上列款项请从
我账户内支付
出票人签章

复核　　记账

㉗ $\frac{2}{2}$

浙江省非税收入统一票据

票据编码：

执收单位代码：

之财（01） No. 020064

执收单位：之江工业局　　　　20××年12月18日

交款人	之江油泵油嘴厂		交款书号码		
收入项目编码	非税收入项目	计量单位	数量	标准	金额
	订货会务费				1800.00
合计人民币（大写）：壹仟捌佰元整					¥1800.00
执收单位财务专用章		经手人	王望	缴款方式	1. 现金□ 2. 转账☑
说明					

第二联 收据联（财务）

㉘ $\frac{1}{2}$

浙江增值税专用发票

No. 0576428

发　票　联　　开票日期：20××年12月19日

购货单位	名称：之江油泵油嘴厂 纳税人识别号：330114010167421 地址、电话：之江市解放路 85251622 开户行及账号：市工行 40234				密码区		
货物或应税劳务名称	规格型号	单位	数量	单价	金额	税率	税额
轴承钢		公斤	4000	2.50	10000.00	17%	1700.00
合计					10000.00		1700.00
价税合计（大写）	壹万壹仟柒佰元整				（小写）¥11700.00		
销货单位	名称：之江市金属公司 纳税人识别号：330114010194329 地址、电话：之江市和平路 85328129 开户行及账号：市工行 40956				备注		

收款人：　　复核：　　开票人：王强　　销货单位：（章）

第二联：发票联 购货方记账凭证

㉘$\frac{2}{2}$

之江油泵油嘴厂　　材料类别：原材料

物资交仓（验收单）

供货单位：市金属公司

发票号码：NO. 0576428　　20××年12月9日　　交验单第　号

编　号	名称及规格	单位	数量	单价	金　额	验收数量	计划价格		价格差异	
							单价	总额	增	减
	轴　承　钢	公斤	4000	2.50	10000.00	4000				
		×	×	×		×	×	×	×	×
合　计		×	×	×	¥10000.00	×	×			

②财务

记账：　　验收：李国民　　采购：洪志成

㉙

中国工商银行

现金支票存根

$\frac{B}{0}\frac{M}{2}$ 0004

附加信息

出票日期　年　月　日

收款人：

金　额：

用　途：

单位主管　　会计

本支票付款期限十天

中国工商银行　**现金支票**（浙）　$\frac{B}{0}\frac{M}{2}$ 0004

出票日期（大写）　年　月　日　　付款行名称：

收款人：　　出票人账号：

人民币（大写）	亿	千	百	十	万	千	百	十	元	角	分

用途

上列款项请从

我账户内支付

出票人签章　　复核　　记账

㉚

特种 委托收款凭证 （付款通知） 5 委收号码：850791105567

委托日期：20××年12月20日

第1483号

付款人	全称	之江油泵油嘴厂	收款人	全称	之江市邮电局	
	账号或地址	40234		账号	542002	
	开户银行	市工行		开户银行	之江市工行	行号

委收金额	人民币（大写）：壹仟肆佰柒拾贰元肆角整	千	百	十	万	千	百	十	元	角	分
					¥	1	4	7	2	4	0

	合同号				付款人开户银行盖章 20××年12月20日
款项内容	长话费	780.15	电报	19.75	
	市话费	615.80	移动电话		
	农话费	56.70	邮政机要		
	信息费		其他		
	备注				

此联付款人开户银行给付款人的付款通知（代收据）

单位主管： 会计： 复核： 记账： 输入：

㉛ $\frac{1}{2}$

浙江增值税专用发票 No. 0208255

此联不作报销、扣税凭证使用 开票日期：

购货单位	名称： 纳税人识别号： 地址、电话： 开户行及账号：			密码区			
货物或应税劳务名称	规格型号	单位	数量	单价	金额	税率	税额
合计							
价税合计（大写）						（小写）	
销货单位	名称： 纳税人识别号： 地址、电话： 开户行及账号：			备注			

第三联：记账联 销货方记账凭证

收款人： 复核： 开票人： 销货单位：（章）

㉛ $\frac{2}{2}$

公路、内河货物运输业统一发票　　地税

发票联　　发票代码：

开票日期：20××年12月20日　　发票号码：001124

机打代码 机打号码 机器编号			税控码	
收货人及纳税人识别号	临安内燃机厂		承运人及纳税人识别号	市运输公司
发货人及纳税人识别号	之江油泵油嘴厂		主管税务机关及代码	
运输项目及金额	6120输油泵84.50元	其他项目及金额		备注：（手写无效） 承运人盖章
运费小计	84.50	其他费用小计		
合计（大写）	捌拾肆元伍角整			（小写）¥84.50

开票人：方　志

第二联　发票联　付款方记账凭证

㉜ $\frac{1}{2}$

中国工商银行　**信汇凭证**（回　单）　1

委托日期20××年12月20日　　浙00042470

汇款人	全称	之江油泵油嘴厂	收款人	全称	杭州轴承钢厂
	账号	40234		账号	456692
	汇出地点	浙江省之江市		汇入地点	浙江省杭州市
汇出行名称		市工行	汇入行名称		市工行

金额	人民币（大写）：叁万元整	亿	千	百	十	万	千	百	十	元	角	分
					¥	3	0	0	0	0	0	0

汇出行签章	支付密码
	附加信息及用途： 预付购货款 复核：　记账：

此联汇出行给汇款人的回单

㉜ $\frac{2}{2}$

之江油泵油嘴厂

汇款通知单 20××年12月20日

汇入单位	杭州轴承钢厂		
汇入银行	市工行	账　号	456692
汇款原因：预付购货款			
金额（大写）叁万元整			¥30000.00
意见：同意　**沈培良** 12.20		经办人签章：**赵建根**	

㉝

中国工商银行　**信汇凭证**（回　单）　**1**

委托日期20××年12月21日　浙00042480

汇款人	全　称	之江油泵油嘴厂	收款人	全　称	沈阳北方冲剪机厂						
	账　号	40234		账　号	2306172						
	汇出地点	浙江省之江市		汇入地点	辽宁省沈阳市						
汇出行名称		市工行	汇入行名称		市工行						
金额	人民币（大写）：叁万伍仟元整		亿	千	百	十	万	千	百	十	元	角	分
						¥	3	5	0	0	0	0	0
汇出行签章			支付密码								
			附加信息及用途：支付前欠货款　复核：　记账：								

此联汇出行给汇款人的回单

㉞ $\frac{1}{2}$

中国人民财产保险股份有限公司 **地　税**

保　险　业　专　用　发　票

INSURANCE TRADE INVOICE

发　票　联

INVOICE

发票代码：

发票号码：1388168

开票日期：20××年12月21日

第二联：发票联

付款人：

Payer 之江油泵油嘴厂

承保险种：

Coverage 财产保险综合保险

保险单号：

Policy No. （略）

批单号：

End. No. （略）

保险费金额：（大写）壹万陆仟元整 （小写）16000.00

Premium Amoun（In Words）

附注：

Remarks

经手人：张文华 Handler

复核：Checked by

保险公司签章：Stamped by Insurance Company

地址：Add.

电话：Tel.

（手开无效）Not Valid If In Hand Written

㉞ $\frac{2}{2}$

中国工商银行

转账支票存根

$\frac{B}{0}\frac{M}{2}$ 001024

附加信息

出票日期　年　月　日

收款人：
金　额：
用　途：

单位主管　　会计

本支票付款期限十天

中国工商银行　**转账支票**　$\frac{B}{0}\frac{M}{2}$ 001024

出票日期（大写）　年　月　日　付款行名称：

收款人：　出票人账号：

人民币（大写）	亿	千	百	十	万	千	百	十	元	角	分

用途

上列款项请从

我账户内支付

出票人签章

复核　　记账

㉟ $\frac{1}{2}$

浙江增值税专用发票

No. 0208256

此联不作报销、扣税凭证使用　　开票日期：

购货单位	名称： 纳税人识别号： 地址、电话： 开户行及账号：			密码区			
货物或应税劳务名称	规格型号	单位	数量	单价	金额	税率	税额
合计							
价税合计（大写）						（小写）	
销货单位	名称： 纳税人识别号： 地址、电话： 开户行及账号：			备注			

收款人：　　复核：　　开票人：　　销货单位：（章）

第二联：记账联　销货方记账凭证

㉟ $\frac{2}{2}$

托收凭证　（受理回单）　1

委托日期20××年12月22日

业务类型	委托收款（☑邮划、☐电划）　托收承付（☐邮划、☐电划）				
付款人	全称	杭州农机公司	收款人	全称	之江油泵油嘴厂
	账号	754621		账号	40234
	地址	浙江省杭州市　开户行　市农行		地址	浙江省之江市　开户行　市工行
金额	人民币（大写）	伍万贰仟陆佰伍拾元整	亿千百十万千百十元角分		¥ 5 2 6 5 0 0 0
款项内容	销货款	托收凭据名称　发票 No. 0208256	附寄单证张数		
商品发运情况	自提		合同名称号码		
备注： 复核　记账		款项收妥日期 年　月　日	收款人开户银行签章 20××年12月22日		

此联作收款人开户银行给收款人的受理回单

㊱

托收凭证（汇款依据或收账通知）

委托日期 20××年 12 月 16 日

4

付款期限　　年　月　日

<table>
<tr><td colspan="2">业务类型</td><td colspan="9">委托收款（☑邮划、☐电划）　　托收承付（☐邮划、☐电划）</td></tr>
<tr><td>付</td><td>全　称</td><td colspan="3">安徽省宣城农机公司</td><td>收</td><td>全　称</td><td colspan="4">之江油泵油嘴厂</td></tr>
<tr><td>款</td><td>账　号</td><td colspan="3">75028</td><td>款</td><td>账　号</td><td colspan="4">40234</td></tr>
<tr><td>人</td><td>地　址</td><td>安徽省宣城县</td><td>开户行</td><td>县农行</td><td>人</td><td>地　址</td><td>浙江省之江市</td><td>开户行</td><td colspan="2">市工行</td></tr>
<tr><td>金额</td><td colspan="6">人民币（大写）：伍万壹仟陆佰零玖元整</td><td colspan="4">亿 千 百 十 万 千 百 十 元 角 分
¥ 5 1 6 0 9 0 0</td></tr>
<tr><td colspan="2">款项内容</td><td>销货款</td><td>托收凭据名称</td><td colspan="3">发票　No. 0208254</td><td>附寄单证张数</td><td colspan="3"></td></tr>
<tr><td colspan="2">商品发运情况</td><td colspan="5"></td><td>合同名称号码</td><td colspan="3"></td></tr>
<tr><td colspan="3">备注：

复核　　记账</td><td colspan="5">上列款项已划回收入你方账户内。

收款人开户银行签章
20××年 12 月 22 日</td><td colspan="3"></td></tr>
</table>

此联付款人开户行凭以汇款或收款人开户银行作收账通知

㊲ $\frac{1}{2}$

浙江增值税专用发票

No. 0208257

此联不作报销、扣税凭证使用　　开票日期：

<table>
<tr><td>购货单位</td><td colspan="4">名　　称：
纳税人识别号：
地 址 、电 话：
开户行及账号：</td><td>密码区</td><td colspan="4"></td></tr>
<tr><td colspan="2">货物或应税劳务名称</td><td>规格型号</td><td>单　位</td><td>数　量</td><td>单　价</td><td>金　额</td><td>税率</td><td>税　额</td></tr>
<tr><td colspan="2"></td><td></td><td></td><td></td><td></td><td></td><td></td><td></td></tr>
<tr><td colspan="2"></td><td></td><td></td><td></td><td></td><td></td><td></td><td></td></tr>
<tr><td colspan="2"></td><td></td><td></td><td></td><td></td><td></td><td></td><td></td></tr>
<tr><td colspan="2">合　　计</td><td></td><td></td><td></td><td></td><td></td><td></td><td></td></tr>
<tr><td colspan="2">价税合计（大写）</td><td colspan="7">（小写）</td></tr>
<tr><td>销货单位</td><td colspan="4">名　　称：
纳税人识别号：
地 址 、电 话：
开户行及账号：</td><td>备注</td><td colspan="4"></td></tr>
</table>

第二联：记账联　销货方记账凭证

收款人：　　复核：　　开票人：　　销货单位：（章）

㊲ $\frac{2}{2}$

托收凭证 （受理回单） 1

委托日期20××年12月24日

业务类型	委托收款（☑邮划、□电划） 托收承付（□邮划、□电划）					
付款人 全称	金华市农机公司		收款人 全称	之江油泵油嘴厂		
账号	886051		账号	40234		
地址	浙江省金华市	开户行 市农行	地址	浙江省之江市	开户行	市工行
金额	人民币（大写）：肆万肆仟肆佰陆拾元整					
款项内容	销货款	托收凭据名称	发票 No. 0208257	附寄单证张数		
商品发运情况	自提		合同名称号码			
备注： 复核 记账	款项收妥日期 年 月 日		收款人开户银行签章 20××年12月24日			

亿	千	百	十	万	千	百	十	元	角	分
			¥	4	4	4	6	0	0	0

此联作收款人开户银行给收款人的受理回单

㊳

材料盘点盈亏报告表

20××年12月25日

材料名称规格	计量单位	数量 账存	数量 实存	盈余 数量	盈余 金额	亏短 数量	亏短 金额	盈亏原因	审批意见
金属材料类									盘盈材
炭结钢45# 627	公斤	264.6	284.6	20	377.36			计量差	料冲减
炭结钢φ65	公斤	324	334	10	240.51			计量差	管理费
炭结钢φ45	公斤	116.5	156.5	40	461.48			计量差	用；盘
普元钢A5φ35	公斤	21	0			21	491.03	串换	亏材料
角钢 3.6×3.6×40	公斤	73.5	0			73.5	893.46	高价进平价出	作为管理费用。
油料化工类									
煤油	公斤	514.5	475.5			39	37.40	损耗	
专用机油	公斤	450.5	436			14.5	18.42	损耗	沈培良
纯碱粉	公斤	353.5	343.5			10	13.60	包装损坏	12.5
合计					¥1079.35		¥1453.91		

㊴

固定资产清查报告表

20××年12月25日

名称及规格	计量单位	盘盈		盘亏			损毁			原因
		数量	原价	数量	原价	已提折旧	数量	原价	已提折旧	
研磨机	台						壹	24000	18400	正常报废
幼儿园招待所房屋	m^2						300	10000	9000	同上
合　计								￥34000	￥27400	

㊵

浙江省收购统一发票

发票联

之江　NO. 00005776

开票日期：20××年12月25日

投售人签字	之江油泵油嘴厂		身份证号		
地　址	解放路				
品　名	单　位	数　量	单　价	金　额	备　注
报废机器	kg	400	0.5	200.00	限千元以内有效
收购金额（大写）	贰佰元整				￥200.00
收购单位　名　称	金属回收公司		税务登记证号	330101401026875	
收购单位　地址、电话	中山路　85679432		开户行及账号	市工行　40732	

第一联：发票联

开票人：张虹　　收款人：　　收购单位（未盖章无效）

㊶

中国工商银行计算利息清单

单位名称：之江油泵油嘴厂　　20××年12月25日　　第×号
账号：40234

起息日期	结息日期	天数	积　数	利　率	利　息
1997/9/21	1997/12/21	91	（略）	（略）	385.65
上列存款利息，已照付你单位 第4023号账户 （工商银行盖章）				备注	

单位收款通知

之江市工行

㊷ $\frac{1}{2}$

第四季度短期借款利息计提表

20××年12月

月份	已提利息	应付利息
10月	1100	×
11月	1100	×
12月		
合计		3750

㊷ $\frac{2}{2}$

中国工商银行（贷）款利息通知单

<table>
<tr><td rowspan="2">借方</td><td>户　名</td><td>之江油泵油嘴厂</td><td rowspan="2">贷方</td><td>户　名</td><td colspan="2">市工行利息收入户</td></tr>
<tr><td>账　号</td><td>40234</td><td>账　号</td><td colspan="2"></td></tr>
<tr><td colspan="2">实收（付）金额</td><td></td><td colspan="2">记息户账号</td><td colspan="2"></td></tr>
<tr><td colspan="2">借据编号</td><td></td><td colspan="2">借据序号</td><td colspan="2"></td></tr>
<tr><td rowspan="4">备注</td><td>起息日期</td><td>止息日期</td><td colspan="2">积数/息余</td><td>利　率</td><td>利　息</td></tr>
<tr><td>（略）</td><td></td><td colspan="2"></td><td>（略）</td><td>3750.00</td></tr>
<tr><td colspan="4">调整利息：</td><td colspan="2">冲正利息：</td></tr>
<tr><td colspan="6">应收（付）利息合计：叁仟柒佰伍拾元整</td></tr>
</table>

银行章：　　　　经办人：

㊸ $\frac{1}{2}$

之 江 市 邮 电 局　　No. 017017

收 款 收 据

20××年12月25日　收据　字第 ×× 号

子目及户名	账号	摘要	金额 万	千	百	十	元	角	分
之江油泵油嘴厂		报刊订阅	¥	4	5	0	0	0	0
合计人民币（大写）肆仟伍佰元整			¥	4	5	0	0	0	0

三、此联交缴款单位收执

负责人：　会计：　出纳：　制表：

㊸ $\frac{2}{2}$

中国工商银行
转账支票存根
$\frac{B}{0}$ $\frac{M}{2}$ 001025
附加信息

出票日期　年　月　日

收款人：
金　额：
用　途：

单位主管　会计

本支票付款期限十天

中国工商银行　**转账支票**　$\frac{B}{0}$ $\frac{M}{2}$ 001025

出票日期（大写）　年　月　日　付款行名称：

收款人：　出票人账号：

人民币（大写）	亿	千	百	十	万	千	百	十	元	角	分

用途

上列款项请从
我账户内支付
出票人签章　复核　记账

㊹ $\frac{1}{2}$

浙江增值税专用发票

No. 0732500

发 票 联

开票日期：20××年12月25日

<table>
<tr><td rowspan="4">购货单位</td><td colspan="5">名　　称：之江油泵油嘴厂
纳税人识别号：330114010167421
地 址 、电 话：之江市解放路　85251622
开户行及账号：市工行　40234</td><td>密码区</td><td colspan="2"></td></tr>
</table>

货物或应税劳务名称	规格型号	单位	数量	单价	金额	税率	税额
水		吨	1400	0.50	7000.00	13%	910.00
合计					7000.00		910.00
价税合计（大写）	柒仟玖佰壹拾元整				（小写）¥7910.00		

销货单位	名　　称：之江市自来水厂 纳税人识别号：330114010253289 地 址 、电 话：之江市人民路　85348292 开户行及账号：市工行　75029	备注	

收款人：　　复核：　　开票人：　　销货单位：（章）

第二联：发票联　购货方记账凭证

㊹ $\frac{2}{2}$

托收凭证（付款通知）

5

委托日期20××年12月25日

付款期限　年　月　日

<table>
<tr><td colspan="2">业务类型</td><td colspan="5">委托收款（☑邮划、☐电划）　托收承付（☐邮划、☐电划）</td></tr>
<tr><td rowspan="3">付款人</td><td>全　称</td><td colspan="2">之江油泵油嘴厂</td><td rowspan="3">收款人</td><td>全　称</td><td colspan="2">之江自来水厂</td></tr>
<tr><td>账　号</td><td colspan="2">40234</td><td>账　号</td><td colspan="2">75029</td></tr>
<tr><td>地　址</td><td>浙江省之江市</td><td>开户行 市工行</td><td>地　址</td><td>浙江省之江市</td><td>开户行 市工行</td></tr>
<tr><td>金额</td><td colspan="4">人民币（大写）：柒仟玖佰壹拾元整</td><td colspan="3">亿 千 百 十 万 千 百 十 元 角 分
　　　　 ¥ 7 9 1 0 0 0</td></tr>
<tr><td>款项内容</td><td colspan="2">12月份水费</td><td>托收凭据名称</td><td colspan="2">发票　No. 0732500</td><td>附寄单证张数</td><td></td></tr>
<tr><td colspan="2">商品发运情况</td><td colspan="3"></td><td>合同名称号码</td><td colspan="2"></td></tr>
<tr><td colspan="3">备注：

付款人开户银行收到日期
20××年12月25日
复核　　记账</td><td colspan="2">付款人开户银行签章
20××年12月26日</td><td colspan="3">付款人注意：
1. 根据支付结算办法，上列委托收款（托付承付）款项在付款期限内未提出拒付，即视为同意付款，以此代付款通知。
2. 如需提出全部或部分拒付，应在规定期限内，将拒付理由书并附债务证明退交开户银行。</td></tr>
</table>

此联付款人开户银行给付款人按期付款通知

㊺ $\frac{1}{2}$

浙江增值税专用发票

No. 0268054

发 票 联 开票日期：20××年12月25日

购货单位	名称：之江油泵油嘴厂 纳税人识别号：330114010167421 地址、电话：之江市解放路 85251622 开户行及账号：市工行 40234				密码区		
货物或应税劳务名称	规格型号	单位	数量	单价	金额	税率	税额
电		度	61985	0.205	12706.93	17%	2160.18
合计					12706.93		2160.18
价税合计（大写）	壹万肆仟捌佰陆拾柒元壹角壹分				（小写）￥14867.11		
销货单位	名称：之江市供电局 纳税人识别号：330114030121854 地址、电话：之江市市府路 85263636 开户行及账号：市工行 78546				备注		

第二联：发票联 购货方记账凭证

收款人： 复核： 开票人： 销货单位：（章）

㊺ $\frac{2}{2}$

托收凭证（付款通知）

5

委托日期20××年12月25日

付款期限 年 月 日

业务类型	委托收款（☑邮划、☐电划）			托收承付（☐邮划、☐电划）		
付款人	全称	之江油泵油嘴厂	收款人	全称	市供电局	
	账号	40234		账号	78546	
	地址	浙江省之江市 开户行 市工行		地址	浙江省之江市	开户行 市工行
金额	人民币（大写）：壹万肆仟捌佰陆拾柒元壹角壹分				亿 千 百 十 万 千 百 十 元 角 分	￥ 1 4 8 6 7 1 1
款项内容	12月份电费	托收凭据名称	发票 No. 0268054	附寄单证张数		
商品发运情况				合同名称号码		
备注： 付款人开户银行收到日期 20××年12月25日 复核 记账		付款人开户银行签章 20××年12月26日		付款人注意： 1. 根据支付结算办法，上列委托收款（托付承付）款项在付款期限内未提出拒付，即视为同意付款，以此代付款通知。 2. 如需提出全部或部分拒付，应在规定期限内，将拒付理由书并附债务证明退交开户银行。		

此联付款人开户银行给付款人按期付款通知

⑯ $\frac{1}{2}$

湖北增值税专用发票

No.

发 票 联 开票日期：20××年12月20日

购货单位	名 称：之江油泵油嘴厂 纳税人识别号：330114010167421 地 址 、电 话：之江市解放路 85251622 开户行及账号：市工行 40234	密码区					
货物或应税劳务名称	规格型号	单 位	数 量	单 价	金 额	税率	税 额
货车	东风5吨	辆	1	37850	37850.00	17%	6434.50
配件					2150.00	17%	365.50
配件					690.00	17%	117.30
合 计					40690.0		6917.30
价税合计（大写）	肆万柒仟陆佰零柒元叁角整				（小写）￥47607.30		
销货单位	名 称：第二汽车厂 纳税人识别号：260952010567988 地 址 、电 话：湖北十堰汽城 86754231 开户行及账号：市工行 770205	备注					

第二联：发票联 购货方记账凭证

收款人： 复核： 开票人： 销货单位：（章）

---

⑯ $\frac{2}{2}$

之江油泵油嘴厂固定资产验收单

20××年12月26日

编号	房屋及设备名称	规格	计量单位	数量	单位	金额	承包或供货单位
	东风牌汽车及附件	5吨	辆	壹		￥47607.30	湖北十堰第二汽车制造厂

厂长：沈培良 设备部门：××× 使用部门：

㊼ $\frac{1}{2}$

差旅费报销单

20××年12月26日

出差人姓名：郭明										
出差事由日期及地点：12月19日至12月24日去湖北接车										
报销项目	火车费	汽车费	轮船费	其他车船费	住宿费	住勤费	在途			合计
单据张数					（略）					
报销金额										936.90
人民币（大写）玖佰叁拾陆元玖角整									￥936.90	
原借款￥1000.00 除报销上项金额外应交回									￥63.10元	

核准：沈培良 12.26　　财务主管：王关清 12.26　　报销人：郭明

㊼ $\frac{2}{2}$

浙江省非税收入统一票据

执收单位代码：　　票据编码：（之财）No. 7051

执收单位：之江油泵油嘴厂　　20××年12月26日

交款人	郭明		交款书号码		
收入项目编码	非税收入项目	计量单位	数量	标准	金额
	交回借款				1000.00
合计人民币（大写）：壹仟元整					￥1000.00
执收单位财务专用章		经手人	赵有城	缴款方式	1. 现金☑ 2. 转账☐
说明					

第三联 记账联（财政）

⑱ $\frac{1}{3}$

浙江增值税专用发票

No. 0208258

此联不作报销、扣税凭证使用　开票日期：20××年 12 月 15 日

购货单位	名　　称： 纳税人识别号： 地 址 、电 话： 开户行及账号：			密码区			
货物或应税劳务名称	规格型号	单　位	数　量	单　价	金　　额	税率	税　　额
合　　计							
价税合计（大写）					（小写）		
销货单位	名　　称： 纳税人识别号： 地 址 、电 话： 开户行及账号：			备注			

收款人：　　　复核：　　　开票人：　　　销货单位：（章）

第三联　记账联　销货方记账凭证

---

⑱ $\frac{2}{3}$

公路、内河货物运输业统一发票　地　税

发　票　联

发票代码：

开票日期：20××年 12 月 26 日　　发票号码：02100

机打代码 机打号码 机器编号		税控码	
收货人及纳税人识别号	福建莆田农机公司	承运人及纳税人识别号	之江市运输公司
发货人及纳税人识别号	之江油泵油嘴厂	主管税务机关及代码	
运输项目及金额	4SIA 油嘴 10 件 24.24 元 6120 输油泵 10 件 21.36 元 6120 油嘴 50 件 178.56 元	其他项目及金额	备注：（手写无效） 承运人盖章
运费小计	224.16	其他费用小计	
合计（大写）	贰佰贰拾肆元壹角陆分		（小写）￥224.16

开票人：方　志

第二联　发票联　付款方记账凭证

⑱ $\frac{3}{3}$

托收凭证 （受理回单） 1

委托日期20××年12月16日

业务类型	委托收款（☑邮划、☐电划）					托收承付（☐邮划、☐电划）		
付款人	全　称	福建莆田农机公司			收款人	全　称	之江油泵油嘴厂	
	账　号	5678029				账　号	40234	
	地　址	福建省莆田县	开户行	县农行		地　址	浙江省之江市	开户行 市工行

金额	人民币（大写）：伍万叁仟肆佰伍拾玖元壹角陆分	亿	千	百	十	万	千	百	十	元	角	分
					¥	5	3	4	5	9	1	6

款项内容	销货款	托收凭据名称	发票　No. 0208241	附寄单证张数	
商品发运情况			合同名称号码		

备注： 复核　　记账	款项收妥日期 年　月　日	收款人开户银行签章 20××年12月16日

此联作收款人开户银行给收款人的受理回单

---

⑲ $\frac{1}{3}$

浙江增值税专用发票 No. 0208259

此联不作报销、扣税凭证使用　　开票日期：

购货单位	名　　称： 纳税人识别号： 地 址 、电 话： 开户行及账号：	密码区	

货物或应税劳务名称	规格型号	单位	数量	单价	金额	税率	税额
合　　计							
价税合计（大写）					（小写）		

销货单位	名　　称： 纳税人识别号： 地 址 、电 话： 开户行及账号：	备注	

收款人：　　复核：　　开票人：　　销货单位：（章）

第三联　记账联　销货方记账凭证

㊾ $\frac{2}{3}$

本支票付款期限十天

中国工商银行　**转账支票**　$\frac{B}{0}$ $\frac{M}{2}$001149

出票日期（大写）贰零某某年壹拾贰月贰拾陆日　付款行名称：市农行

收款人：之江油泵油嘴厂　　出票人账号：356918

人民币（大写）肆万肆仟陆佰玖拾肆元整	亿	千	百	十	万	千	百	十	元	角	分
				¥	4	4	6	9	4	0	0

用途　购货

上列款项请从

我账户内支付

出票人签章　　复核　　记账

㊾ $\frac{3}{3}$

银行打印

中国工商银行之江市分行**进账单**（收账通知）　　年　月　日

出票人	全称		持票人	全称	
	账号			账号	
	开户银行			开户银行	

人民币（大写）	千	百	十	万	千	百	十	元	角	分

票据种类	
票据张数	

单位主管　会计　复核　记账　　持票人开户行盖章

第一联　此联是持票人开户银行交给持票人的收账通知

(50) $\frac{1}{5}$

之江油泵油嘴厂
东风机械厂
联营投资协议书（代合同）

……

第四条：

"投资固定资产原价100000元，……东风机械厂承运并负担运费。投资期从20××年12月27日起到20××年12月27日止。"

……

---

(50) $\frac{2}{5}$

联营资产评估报告书

市资评（1997年）第128号

之江油泵油嘴厂：

我所接受贵厂委托并接到市国有资产管理局资立字［20××］第028号文关于资产评估立项的通知，于20××年12月14日至12月16日派出注册资产评估师，对贵厂申报的研磨机进行了评估，现将评估结果报告如下：

一、评估基准日：20××年12月1日

二、评估特定目的：联营

三、评估计价标准：重置价值

四、评估情况及结果：见附表"机器设备评估报告表"。

评估负责人：张　迁

注册资产评估师：牛　春

王青贤

之江市资产评估事务所

20××年12月16日

(50) $\frac{3}{5}$

机器设备评估报告表

被评估单位名称:之江油泵油嘴厂　　评估时间:20××年12月15日　　单位:人民币元

序号	机器设备名称及型号	产地	计量单位	数量	购置时间	开始折旧时间	设备账面价值			评估价值				评估前后差异		备注
							设备原值	已提折旧	净值	重置价值	折旧年限	折旧金额	现净值	与净值差异额	与净值差异率	
	研磨机	宁波机床厂	台	1	××.11	××.12	100000	48800	51200	110000	5	50000	60000	8800	17.19%	

评估：牛喜　王青贤　　评估负责人:张迁

(50) $\frac{4}{5}$

固 定 资 产 卡 片

20××年 11 月 5 日填卡　　　　No. 010456

<table>
<tr><td>类别</td><td>磨床</td><td colspan="4">编号</td><td colspan="2">预计使用年限</td><td>5 年</td></tr>
<tr><td colspan="6">固定资产名称　研磨机</td><td colspan="2">预计残值</td><td>¥5000 元</td></tr>
<tr><td colspan="6">规格及型号　YM3608</td><td colspan="2">预计清理费</td><td>¥240 元</td></tr>
<tr><td colspan="6">建造单位　宁波机床厂</td><td colspan="2">折旧方法</td><td>双倍余额递减</td></tr>
<tr><td colspan="6">建造年份　××××.7</td><td colspan="2">年折旧率</td><td>20%</td></tr>
<tr><td colspan="6">调入来源　由宁波机床厂购入</td><td colspan="2">分类折旧率</td><td>%</td></tr>
<tr><td colspan="6">验收日期　××××.11</td><td colspan="2">取得时已使用</td><td>年</td></tr>
<tr><td colspan="6">技术特征</td><td colspan="2">减少时已提折旧</td><td>¥48800 元</td></tr>
<tr><td colspan="6">拨出单位</td><td colspan="3">开始使用日期</td></tr>
<tr><td rowspan="4">使用单位</td><td>年</td><td>月</td><td>凭证号</td><td>使用单位</td><td>存放地点</td><td rowspan="3">已提折旧截止</td><td>××年 11 月末</td><td>元</td></tr>
<tr><td>××</td><td>11</td><td>转 728</td><td>油嘴车间</td><td>油嘴车间</td><td>年　末</td><td>元</td></tr>
<tr><td></td><td></td><td></td><td></td><td></td><td>年　末</td><td>元</td></tr>
<tr><td></td><td></td><td></td><td></td><td></td><td colspan="3">卡片注销××年 12 月 15 日</td></tr>
</table>

原 始 价 值

千万	百万	十万	万	千	百	十	元	角	分
		1	0	0	0	0	0	0	0

其中安装费

变动后价值

年 折 旧 额

年 折 旧 额

(50) $\frac{5}{5}$

固定资产联营转移单

投出单位：之江油泵油嘴厂

投入单位：东风机械厂　　20××年 12 月 26 日　　转移单号：003

<table>
<tr><td colspan="2">转移原因或依据</td><td colspan="4">联营联资</td><td>评估价值</td><td colspan="2">60000</td></tr>
<tr><td>固定资产名称</td><td>规格及型号</td><td>单位</td><td>数量</td><td>预计使用年限</td><td>已使用年限</td><td>原值</td><td>已提折旧</td><td>净值</td></tr>
<tr><td>研磨机</td><td>YM3608</td><td>台</td><td>1</td><td>5</td><td>3</td><td>¥1000000</td><td>¥48800</td><td>¥51200</td></tr>
<tr><td></td><td></td><td></td><td></td><td></td><td></td><td></td><td></td><td></td></tr>
<tr><td></td><td></td><td></td><td></td><td></td><td></td><td></td><td></td><td></td></tr>
</table>

<table>
<tr><td>调出单位</td><td rowspan="2">之江油泵油嘴厂</td><td>调入单位</td><td rowspan="2">东风机械厂</td></tr>
<tr><td>公章：
财务：赵平
经办：王军</td><td>公章：
财务：
经办：</td></tr>
</table>

(51) $\frac{1}{3}$

社会保险费缴费申报表

地税编码： 费款所属日期：20××年12月 金额单位：元（列至角分）

单位名称	之江油泵油嘴厂	单位地址	之江市解放路	联系电话	85251622
缴费银行	市工行储税专柜	缴费账号	×××	经济类型	二类

费种	费目	缴费基数	费率	应征费额	批准缓缴费额	已缴费额	应缴费额	缴费人数(人)
1	2	3	4	5=3×4	6	7	8=5-6-7	9
医疗保险基金	基本医疗保险费Ⅰ、Ⅱ	30481.80	5%	1524.09			1524.09	424
失业保险基金	企业缴纳	30481.80	2%	609.64			609.64	424
工伤保险基金	企业缴纳工伤保险	30481.80	1%	304.82			304.82	424
生育保险基金	企业单位缴纳	30481.80	0.5%	152.41			152.41	424
养老保险基金	企业缴纳	30481.80	18%	5486.72			5486.72	424
合计				8077.68			8077.68	

缴费人申明	本单位（公司、个人）所申报的社会保险费款真实、准确，如有虚假内容，愿承担法律责任。 法人代表（业主）签名：沈培良 20××年12月25日	授权人申明	我（单位）现授权为本缴费人的代理申报人，任何与申报有关的往来文件，都可寄此代理机构。 委托代理合同号： 授权人：	代理人申明	本申报表是按照社会保险费有关规定填报，我确认其真实、合法。 代理人（签章）： 经办人：

⑤1 $\frac{2}{3}$

中华人民共和国税收转账专用完税证

地

征收机关：之江市地税局直属分局　　填发日期：20××年12月5日　　(2004) 浙地转完 № 0919360

纳税人代码	330114010167421			开户银行	市工行储税专柜		
纳税人名称	之江油泵油嘴厂			账　号	×××		
税　种	品目名称	税款所属时期	课税数量	计税金额或销售收入	税率或单位税额	已缴或扣除额	实缴金额
医疗保险基金		20××年12月		30481.80	5%		1524.09
失业保险基金		20××年12月		30481.80	2%		609.64
工伤保险基金		20××年12月		30481.80	1%		304.82
生育保险基金		20××年12月		30481.80	0.5%		152.41
养老保险基金		20××年12月		30481.80	18%		5486.72
金额合计	（大写） 捌仟零柒拾柒元陆角捌分						¥8077.68
税务机关（盖章）	收款银行（盖章）		填票人（章）		备注		

第一联（收据）纳税人作完税凭证

不得用于收取现金税款

---

⑤1 $\frac{3}{3}$

中国工商银行转账支票存根
$\frac{B}{0}$ $\frac{M}{2}$ 001020
附加信息
出票日期　年　月　日
收款人：
金　额：
用　途：
单位主管　　会计

本支票付款期限十天

中国工商银行　转账支票　　$\frac{B}{0}$ $\frac{M}{2}$ 001026

出票日期（大写）　年　月　日　　付款行名称：

收款人：　　出票人账号：

人民币（大写）	亿	千	百	十	万	千	百	十	元	角	分

用途

上列款项请从
我账户内支付
出票人签章　　复核　　记账

52 $\frac{1}{2}$

浙江省之江市建筑安装专用发票

地　税

发　票　联

发票号码：930048

开票日期：20××年12月26日

第二联：发票

付款户名	之江油泵油嘴厂	施工单位	（略）
承建单位	（略）	施工地址	

工程名称及编号	结算项目	单位	数量	单价	金额 十	万	千	百	十	元	角	分
修膳办公楼修膳费						1	0	4	0	0	0	0
						1	0	4	0	0	0	0
合计人民币（大写）⊗佰⊗拾壹万零仟肆佰零拾零元零角零分				¥10400.00								

工程合同造价		合同号		开工日期	20××年10月20日	结算方式	
工程累计结算金额				竣工日期	20××年12月25日	附列结算单	

开票人：马　荣　　　收款人：潘　蕾　　　收款单位发票专用章

52 $\frac{2}{2}$

中国工商银行
转账支票存根

$\frac{B}{0}$ $\frac{M}{2}$ 001027

附加信息

出票日期　年　月　日

收款人：
金　额：
用　途：

单位主管　　会计

本支票付款期限十天

中国工商银行　转账支票

$\frac{B}{0}$ $\frac{M}{2}$ 001027

出票日期（大写）　年　月　日　　付款行名称：

收款人：　　出票人账号：

人民币（大写）	亿	千	百	十	万	千	百	十	元	角	分

用途

上列款项请从
我账户内支付
出票人签章

复核　　记账

㉝

成交过户交割凭单

12/27/20×× 买

股东编号：A129626400（存）	成交证券
电脑编号：548167	成交数量：10000
公司代号：600601	成交价格：10.00
申请编号：888	成交金额：100000.00
申报时间：14:16:42	标准佣金：400.00
成交时间：14:17:10	过户费用：5.00
上次余额（股）	印 花 税：500.00
本次成交：5000	应付金额：100905.00
本次余额：5000	附加费用：0.00
本次库存：5000	实付金额：100905.00
经办单位：＿＿＿＿	客户签章：赵方

（开立股票资金户有关业务及手续略）

㉞

之江油泵油嘴厂流动资金损失报批单

20××年12月27日

××年		单　位	款项内容	金　额	报批原因
月	日				
5	3	湖南长沙汽配公司	6120 输油泵 18 套	510.00	当时该公司以货未收到为由被拒付，几年来去人查核三次，去信联系多次均无着落，现因相隔时间长，难以查实，为此要求作呆账损失处理。

市财税局	市工业总公司	厂　部
同意 （公章）	同意 （公章）	之江油泵油嘴厂公章 20××年12月27日

⑤⑤ $\frac{1}{2}$

房产税计算表

20××年12月28日

项　　目	××年底	××年11月止	小　　计	季税率	应交税额
生产用房	869674.38	81135.66	9508101.04		
非生产用房	372071.11		372071.11		
合　　计			¥1322881.15	70%×0.3%	

⑤⑤ $\frac{2}{2}$

车船税计算表

20××年12月28日

项　　目	年定额税	年税额	季税额
2.5吨跃进牌汽车	40	100	25
1.75吨丰田双排车	40	70	17.50
12座面包车	120	120	30
合　　计		290	¥72.50

⑤⑥ $\frac{1}{3}$

中国工商银行现金交款单（回单）

20××年12月29日

交款单位	之江油泵油嘴厂	开户银行	市工行
款项来源	销货款	账　　号	40234

人民币（大写）伍仟零陆拾元整	百	十	万	千	百	十	元	角	分
			¥	5	0	6	0	0	0

券别 / 数额	100元	50元	十元	五元	二元	一元	五角	二角	一角	五分	二分	一分	合计金额
整把券													
零张券	20	60		12									

一由银行盖章后退交款单位

记账复核：　　记账员：　　收款复核：　　收款员：　　收款银行盖章：

$56\frac{2}{3}$

浙江省货物销售统一发票

记 账 联

之江 No. 00000001

20××年12月29日

购货方	名称	×××户	识别号或证件号	
	地址、电话		开户行及账号	

货物名称	规格	单位	数量	单价	金额							
					十	万	千	百	十	元	角	分
油嘴	4SIA	套	200	5.30			1	0	6	0	0	0
油嘴	6120	套	100	15.00			1	5	0	0	0	0
油泵	165F	套	300	5.00			1	5	0	0	0	0
合计人民币（大写）	⊗拾⊗万⊗肆仟零佰陆拾元零角零分				¥4060.00							

销售方	开户银行		结算方式	现金	备注	
	账号		联系电话			

开票人：马林　　收款人：朱方　　开票单位（未盖章无效）

第三联：记账联

$56\frac{3}{3}$

浙江省货物销售统一发票

记 账 联

之江 No. 00000002

20××年12月29日

购货方	名称	×××户	识别号或证件号	
	地址、电话		开户行及账号	

货物名称	规格	单位	数量	单价	金额							
					十	万	千	百	十	元	角	分
输油泵	6120	套	20	50.00			1	0	0	0	0	0
合计人民币（大写）	⊗拾⊗万⊗壹仟零佰零拾零元零角零分				¥1000.00							

销售方	开户银行		结算方式	现金	备注	
	账号		联系电话			

开票人：马林　　收款人：朱方　　开票单位（未盖章无效）

第三联：记账联

⑰ $\frac{1}{5}$

浙江省饮食业专用定额发票
发 票 联

地税

付款户名：

填开日期：

人民币：壹佰元

发票代码：

发票号码：01519506

收款人： 收款单位发票专用章

本发票只限餐饮业务使用。

本发票限于20××年12月31日前填开使用方为有效。

---

⑰ $\frac{2}{5}$

浙江省饮食业专用定额发票
发 票 联

地税

付款户名：

填开日期：

人民币：壹佰元

发票代码：

发票号码：01519507

收款人： 收款单位发票专用章

本发票只限餐饮业务使用。

本发票限于20××年12月31日前填开使用方为有效。

---

⑰ $\frac{3}{5}$

浙江省饮食业专用定额发票
发 票 联

地税

付款户名：

填开日期：

人民币：壹佰元

发票代码：

发票号码：01519508

收款人： 收款单位发票专用章

本发票只限餐饮业务使用。

本发票限于20××年12月31日前填开使用方为有效。

⑤⑦ 4/5

浙江省饮食业专用定额发票
发 票 联

地税

付款户名：

填开日期：

人民币：伍拾元

发票代码：

发票号码：00389502

收款人： 收款单位发票专用章

本发票只限餐饮业务使用。

本发票限于20××年12月31日前填开使用方为有效。

---

⑤⑦ 5/5

浙江省饮食业专用限额发票
发 票 联

地税

发票代码：

发票号码：00226826

本发票限于20××年12月31日前填开使用方为有效。 开票日期：20××年12月29日

付款户名	之江油泵油嘴厂			付款方式				现 金
项 目	单 位	数 量	单 价	金 额				备 注
				十	元	角	分	
餐 费				1	8	0	0	本发票填开金额超过伍拾元无效。
合计人民币（大写）：壹拾捌元零角零分 ¥18.00								
本次消费总金额¥18.00 附定额发票 4 张 号码：								

开票人：李 车 收款人： 收款单位发票专用章

㊿⁸ $\frac{1}{2}$

中国工商银行 转账支票存根 $\frac{B}{0}\frac{M}{2}$ 001028 附加信息 出票日期　　年　月　日 收款人： 金　额： 用　途： 单位主管　　　会计	本支票付款期限十天	中国工商银行　**转账支票**　$\frac{B}{0}\frac{M}{2}$ 001028 出票日期（大写）　　年　月　日　　付款行名称： 收款人：　　出票人账号： 人民币（大写）　亿 千 百 十 万 千 百 十 元 角 分 用途 上列款项请从 我账户内支付 出票人签章　　　复核　　记账

---

58 $\frac{2}{2}$

浙江省之江市服务业统一发票

发　票　联　　**地税**

发票号码：00348395

本发票限于 2006 年 12 月 31 日前填开使用方为有效。　开票日期：20××年12月26日

第二联：发票联

付款户名	之江油泵油嘴厂			付款方式						转　账
服务项目及摘要	单　位	数　量	单　价	金　额						备　注
				千	百	十	元	角	分	
研磨机资产评估费					3	6	1	5	0	
合　计 人民币（大写）	⊗万⊗仟叁佰陆拾壹元伍角零分			¥361.50						

开票人：陶　其　　　　收款人：张　三　　　　收款单位发票专用章

⑲ $\frac{1}{3}$

浙江增值税专用发票

No. 0208260

此联不作报销、扣税凭证使用　　　　开票日期：

<table>
<tr><td>购货单位</td><td colspan="3">名　　称：
纳税人识别号：
地 址 、电 话：
开户行及账号：</td><td>密码区</td><td colspan="4"></td></tr>
<tr><td colspan="2">货物或应税劳务名称</td><td>规格型号</td><td>单位</td><td>数量</td><td>单价</td><td>金额</td><td>税率</td><td>税额</td></tr>
<tr><td colspan="2"></td><td></td><td></td><td></td><td></td><td></td><td></td><td></td></tr>
<tr><td colspan="2"></td><td></td><td></td><td></td><td></td><td></td><td></td><td></td></tr>
<tr><td colspan="2"></td><td></td><td></td><td></td><td></td><td></td><td></td><td></td></tr>
<tr><td colspan="2">合　计</td><td></td><td></td><td></td><td></td><td></td><td></td><td></td></tr>
<tr><td colspan="2">价税合计（大写）</td><td colspan="7">（小写）</td></tr>
<tr><td>销货单位</td><td colspan="3">名　　称：
纳税人识别号：
地 址 、电 话：
开户行及账号：</td><td>备注</td><td colspan="4"></td></tr>
</table>

第二联：记账联　销货方记账凭证

收款人：　　复核：　　开票人：　　销货单位：（章）

---

⑲ $\frac{2}{3}$

银行承兑汇票

2

签发日期：20××年12月28日

汇票号码 第6号

<table>
<tr><td rowspan="3">收款人</td><td>全　称</td><td colspan="3">之江油泵油嘴厂</td><td rowspan="3">承兑申请人</td><td>全　称</td><td colspan="3">建德市农机公司</td></tr>
<tr><td>账　号</td><td colspan="3">40234</td><td>账　号</td><td colspan="3">743256</td></tr>
<tr><td>开户银行</td><td>工商行</td><td>行号</td><td></td><td>开户银行</td><td>县建行</td><td>行号</td><td></td></tr>
<tr><td colspan="2">汇 票 金 额</td><td colspan="5">人民币（大写）柒万叁仟壹佰贰拾伍元整</td><td colspan="3">千 百 十 万 千 百 十 元 角 分
¥ 7 3 1 2 5 0 0</td></tr>
<tr><td colspan="2">汇票到期日</td><td colspan="8">20××年2月28日</td></tr>
<tr><td colspan="5" rowspan="2">本汇票送请你行承兑，并确认《银行结算办法》和承兑协议的各项规定。
此致
承兑银行
承兑申请人盖章
20××年12月28日</td><td>承兑协议编号</td><td>25</td><td>交易合同码</td><td colspan="2">756</td></tr>
<tr><td colspan="2" rowspan="2">汇票签发人盖章
负责：陈　林
经办：王玉林</td><td colspan="3" rowspan="2">科目（付）
对方科目（收）
转账
日期　年　月　日
复核　　记账</td></tr>
<tr><td colspan="5">本汇票经本行承兑，到期日由本行付交。
承兑申请人盖章
20××年12月28日</td></tr>
</table>

此联收款人开户行向承兑行收取票款时作联行往账付出传票

⑲ $\frac{3}{3}$

银行承兑汇票 （解讫通知） 3

汇票号码 第6号

签发日期：20××年12月28日

收款人	全　　称	之江油泵油嘴厂		承兑申请人	全　　称	建德市农机公司	
	账　　号	40234			账　　号	743256	
	开户银行	工商行	行号		开户银行	县建行	行号
汇票金额	人民币（大写）柒万叁仟壹佰贰拾伍元整					千 百 十 万 千 百 十 元 角 分	¥ 7 3 1 2 5 0 0
汇票到期日	20××年2月28日						
收款人开户银行盖章 复核　　　会计				承兑协议编号	25	交易合同号码	756
				汇票签发人盖章 负责：陈　林　　经办：王玉林			
备注：自提货物							

此联收款人开户行收取票款时随报单寄回承兑行，承兑行作付出传票附件

---

⑳

包装物领用汇总表

20××年12月31日

名称及规格	单位	本月领用部门										合计
		165F油泵		6120输油泵		4SIA油嘴		6120油嘴		销售		
		数量	金额	数量	金额	数量	金额	数量	金额	数量	金额	
165F油泵塑料壳	只	335000	1675									1675.00
165F油泵纸盒	只	17000	1122									1122.00
塑料袋	只			9877	150.26							150.26
木箱	只	3	8.13	112	151.76	1	2.71	2	5.42			165.14
165F油泵纸箱	只	111	103.23									103.23
4SIA油嘴塑料壳	只					1300	756					756.00
4SIA油嘴纸盒	只					1500	97.50					97.50
4SIA油嘴纸箱	只					30	21	2	1.40			22.40
6120输油泵箱	只			700	297.50							297.50
6120油嘴壳	只							600	39			39.00
6120油嘴纸盒	只							140	9.10			9.10
偶件套	只	15	12.30			10	8.20					20.50
合计			2920.66		599.52		885.41		54.92			¥4460.51

负责人：陈方娟　　保管员：吴根来　　制表：孙观林

⑥①

工程物资领用汇总表

20××年12月31日

材料名称	合计	工程项目		
		横研机	金工车间技改	D16专用车床改造
金属材料			9620.51	521.78
油漆化工			600.92	
电器材料			2252.08	
其他材料			1789.20	
备　件				
五金零件		437.19	1455.89	740.62
合　计	¥17418.19	¥437.19	¥15718.60	¥1262.40

审核：　　　　制表：

---

⑥②

中国工商银行利息凭证

20××年12月31日

<table>
<tr><td rowspan="3">收款单位</td><td>全　称</td><td colspan="2">市工行贷款利息收入户</td><td rowspan="3">付款单位</td><td>全　称</td><td colspan="2">之江油泵油嘴厂</td></tr>
<tr><td>账号或用户</td><td colspan="2"></td><td>账号或用户</td><td colspan="2">40234</td></tr>
<tr><td>开户银行</td><td colspan="2">市工行</td><td>开户银行</td><td colspan="2">市工行</td></tr>
<tr><td>积数</td><td colspan="2" rowspan="2">（略）</td><td>利率</td><td colspan="2" rowspan="2">（略）</td><td>利息</td><td></td></tr>
<tr><td>利率</td><td>利率</td><td>利息</td><td>¥6352.00</td></tr>
<tr><td colspan="4">第四季度金工车间技改贷款利息</td><td colspan="5">科　目：
对方科目：
复　核：　　　　记账：</td></tr>
</table>

⑥③

材料收入汇总表

20××年12月31日　　　　单位：元

项　目	计量单位	数　量	进货成本	进货税额	合　计
1. 原料及主要材料 ① ② ⋮		（略）			
小　计			214768.29	36510.61	¥251278.90
2. 辅助材料 ① ② ⋮		（略）			
小　计			12000.00	2040.00	¥14040.00
3. 修理用备件 ① ② ③ ⋮		（略）			
小　计			8600.00	1462.00	¥10062.00
4. 燃料					
小　计			2500.00	425.00	¥2925.00
5. 包装物 ① ② ⋮		（略）			
小　计			1832.50	311.53	¥2144.03
6. 低值易耗品 ① ② ③ ⋮		（略）			
小　计			5200.00	884.00	¥6084.00
合　计			244900.79	41633.14	¥286533.93

假定以上各种材料款及增值税均以银行存款支付，有关结算凭证略。

64

工资分配汇总表

20××年12月31日

产品、部门、项目	生产工时	应分配工资费用	
		分配率	应分配金额
4SIA 油嘴	9740		
6120 油嘴	5460		
小计	15200		22258.37
165F 油泵	14800		
6120 输油泵	16200		
小计	31000		13059.53
金工车间			8057.45
热锻车间			5426.07
油嘴车间			1641.29
油泵车间			2719.20
机修车间			6739.32
在建工程（金工技改）			1256.80
企业管理部门			15046.47
合计			76204.50

65

工会经费、职工教育经费计提表

20××年12月31日

工资总额	应提工会经费		应提职工教育经费	
	计提比例	金额	计提比例	金额
76204.50	2%		1.5%	

⑥⑥ $\frac{1}{8}$

之江油泵油嘴厂

领 料 单

领料车间（部门）：金工车间　　编号：

用途：6120 输油泵　　20××年 12 月 20 日　　仓库：

材料编号	材料名称	规　格	计量单位	数　量		价　格	
				请领	实发	单价	金额
	轴承钢		公斤	6000	6000		
备　注：						合计	

记账：　　发料：李　明　　审批：陈　钢　　领料：王　东

---

⑥⑥ $\frac{2}{8}$

之江油泵油嘴厂

领 料 单

领料车间（部门）：金工车间　　编号：

用途：165F 油泵　　20××年 12 月 18 日　　仓库：

材料编号	材料名称	规　格	计量单位	数　量		价　格	
				请领	实发	单价	金额
	轴承钢		公斤	2000	2000		
备　注：						合计	

记账：　　发料：李　明　　审批：陈　钢　　领料：王　东

---

⑥⑥ $\frac{3}{8}$

之江油泵油嘴厂

领 料 单

领料车间（部门）：金工车间　　编号：

用途：4SIA 油嘴　　20××年 12 月 20 日　　仓库：

材料编号	材料名称	规　格	计量单位	数　量		价　格	
				请领	实发	单价	金额
	轴承钢		公斤	3000	3000		
备　注：						合计	

记账：　　发料：李　明　　审批：陈　钢　　领料：王　东

⑥⑥ $\frac{4}{8}$

之江油泵油嘴厂

领　料　单

领料车间（部门）：金工车间　　　　　　　　　　　　　　　　编号：
用途：6120 输油泵　　　　20××年 12 月 20 日　　　　　　　仓库：

材料编号	材料名称	规　格	计量单位	数　量		价　格	
				请领	实发	单价	金额
	轴承钢		公斤	3000	3000		
备　注：						合计	

记账：　　　　发料：李　明　　　　审批：陈　钢　　　　领料：王　东

---

⑥⑥ $\frac{5}{8}$

之江油泵油嘴厂

领　料　单

领料车间（部门）：金工车间　　　　　　　　　　　　　　　　编号：
用途：6120 油嘴　　　　20××年 12 月 5 日　　　　　　　仓库：

材料编号	材料名称	规　格	计量单位	数　量		价　格	
				请领	实发	单价	金额
	轴承钢		公斤	4000	4000		
备注：						合计	

记账：　　　　发料：李　明　　　　审批：陈　钢　　　　领料：王　东

⑥⑥ $\frac{6}{8}$

之江油泵油嘴厂

领 料 单

领料车间（部门）：金工车间　　　　　　　　　　　　　　编号：
用途：165F 油泵　　　　20××年 12 月 2 日　　　　　　仓库：

材料编号	材料名称	规　格	计量单位	数　量		价　格	
				请领	实发	单价	金额
	轴承钢		公斤	4000	4000		
备　注：						合计	

记账：　　　　发料：李　明　　　　审批：陈　钢　　　　领料：王　东

---

⑥⑥ $\frac{7}{8}$

之江油泵油嘴厂

领 料 单

领料车间（部门）：金工车间　　　　　　　　　　　　　　编号：
用途：4SIA 油嘴　　　　20××年 12 月 1 日　　　　　　仓库：

材料编号	材料名称	规　格	计量单位	数　量		价　格	
				请领	实发	单价	金额
	轴承钢		公斤	2000	2000		
备　注：						合计	

记账：　　　　发料：李　明　　　　审批：张　鸿　　　　领料：陈　伟

(66) $\frac{8}{8}$

原材料领用汇总表

20××年12月31日　　金额单位：元

项　　目	4SIA 油嘴			6120 油嘴			165F 油泵			6120 输油泵			合计
	数量（个）	单价	金额	数量（个）	单价	金额	数量（个）	单价	金额	数量（个）	单价	金额	
轴承钢													
4SIA 油嘴针伐体	2000		10600.00										
4SIA 油嘴油针	362		1883.09										
6120 油针				170		8301.50							
6120 交连钢油针				1520		6520.00							
165F 泵套							1875		7083.18				
165F 泵芯							1608		5696.98				
6120 输油泵顶杆套筒										154		457.38	
6120 输油泵滚轮体										1687		4470.55	
6120 输油泵体										3913		6260.80	
小　　计													
输油泵防污垫圈										8400		1260.00	
输油泵橡胶垫圈										8000		1384.44	
输油泵接头势片										14.262		1462.20	
输油泵锁圈										4800		345.54	
输油泵尼龙线										12000		2160.00	
输油泵弹簧										13332		1712.64	
输油泵手柄弹簧										78000		2166.14	
输油泵油塞弹簧										4200		1432.01	
输油泵滚轮弹簧										4200		720.00	
小　　计													
原料及主要材料合计													

审核：

⑥⑦

辅助材料及燃料领用汇总表

20××年12月31日 单位：元

材料名称 部门、项目	金属材料	油漆化工	电器材料	其他材料	燃料	合计
油泵车间	19.40	1904.94	1111.33	188.30		3223.97
油嘴车间		1550.62	683.22	459.45		2693.29
金工车间		551.88	98.64	58.68		709.20
热锻车间	259.45	1382.43	77.22	94.00	2400.00	4213.10
机修车间	572.90	274.68	402.63	80.23		1330.44
企业管理部门	416.39	169.90	622.85	531.87		1741.01
金工车间技改工程	1076.32	167.38	519.65			1763.35
D16专用车床改造	6258.10		300.00			6558.10
合计	8602.56	6001.83	3815.54	1412.53	2400.00	¥22232.46

⑥⑧

低值易耗品领用汇总表

20××年12月31日 单位：元

项目	工量具类	五金零件	劳保用品		合计
油泵车间	2797.34	144.91	810.38		3752.63
油嘴车间	1955.51	120.59	1324.67		3400.77
金工车间	565.56	16.83	224.89		807.28
热锻车间		12.00	353.06		365.06
机修车间	607.15	49.07	244.62		900.84
企业管理部门	355.44	956.28	1353.40		2665.12
合计	6281.00	1299.68	4311.02		¥11891.70

⑲

外购动力费分配表

20××年12月31日　　　　金额单位：元

产品或部门	用电度数（度）	分配率	金额	备注
4SIA 油嘴	9740			
6120 油嘴	9300			
小计	19040			
165F 油泵	13215			
6120 输油泵	13090			
小计	26305			
辅助生产——机修——电费	9600			
油嘴车间——电费	1000			
油泵车间——电费	1100			
金工车间——电费	800			
热锻车间——电费	240			
企业管理部门	2300			
在建工程（金工车间技改）	1600			
小计	16640			
合计	61985		¥12706.93	

⑳

外购水费分配表

20××年12月31日　　　　金额单位：元

车间或部门	用水数量（吨）	分配金额（分配率：________）
油嘴车间	3800	
油泵车间	3700	
金工车间	1100	
热锻车间	900	
机修车间	1500	
企业管理部门	2500	
在建工程（金工技改）	500	
合计	14000	¥7000

注：自来水的增值税税率为13%。

⑪

无形资产价值摊销表

20××年12月31日　　金额单位：元

资产名称	价值	推销年限	月摊销额	备注
专利权	120000	10	1000	
非专利技术	50000	5	833.33	
合计			￥1833.33	

⑫

待摊费用摊销表

20××年12月31日　　金额单位：元

费用项目 / 车间或部门	保险费			报刊订阅费						
	实付额	分摊月数	本月分摊数	实付额	分摊月数	本月分摊数				
油泵车间	1692	12		744	6					
油嘴车间	1896	12		804	6					
金工车间	1836	12		420	6					
热锻车间	1080	12		360	6					
机修车间	1584	12		240	6					
企业管理部门	7680	12		1902	6					
合计	￥15768			￥4470						

⑬

固定资产折旧计算表

20××年12月

单位：元

使用单位及固定资产类别		上月已提折旧额	上月增加固定资产应计提的折旧额	上月减少的固定资产应计提的折旧额	本月应计提折旧额
油泵车间	房屋建筑物	1502.32	160.00		
	机器设备	3939.28	1000.00	640.00	
	小　计	5441.60	1160.00	640.00	
油嘴车间		6510.99			
金工车间		3622.77			
热锻车间		2781.52			
机修车间		2034.11			
出租固定资产		310.56		310.56	
企业管理部门		3550.38			
合　计		¥24251.93			

---

⑭

辅助生产费用分配表

20××年12月31日

金额单位：元

应分配费用总额			提供劳务总量	2496工时
受益部门	受益数量	分配率	金　额	备　注
油嘴车间	256			
油泵车间	328			在建工程
金工车间	48			其中：
热锻车间	40			D16专用车床改造
企业管理部门	148			476工时
在建工程	1676			金工车间技改650工时
				横研机安装550工时
合　计	¥2496			

⑮

之江油泵油嘴厂竣工验收单

20××年12月31日

房屋及设备名称	规格	计量单位	数量	单价	金额	承包单位
横研机		台	壹			机修车间安装

厂　长：沈培良　　　　设备行政部门：方　林　　　　使用部门：陈　娟

⑯

更新改造工程竣工验收单

保管使用单位：金工车间　　　　20××年12月31日

固定资产编　号	固定资产名　称	技术改造内容或型号、规格	计　量单　位	数　量	实际价	施工方式或制造工厂
0010	专用车床	D16	台			红旗机械厂
开工（订购）日期		预算价				附属设备情况
竣工（到厂）日期	20××年10月13日	可使用年限		15		7.5千瓦电动机一台
固定资产管理部门意　见		财会部门参加验收意　见		使用（保管）验 收 签 证		

固定资产管理部门负责人：　　　　项目主办人：　　　　制单：

⑰

金工车间、热锻车间加工费用分配表

20××年12月31日　　　　金额单位：元

产品名称	生产工时	金工车间		热锻车间	
		分配率	应分配费用	分配率	应分配费用
4SLA 油嘴	4500				
6120 油嘴	3400				
165F 油泵	7000				
6120 输油泵	8500				
合　计	23400				

⑱

制造费用分配表

20××年12月31日　　金额单位：元

产品名称	生产工时	油泵车间制造费用		油嘴车间制造费用	
		分配率	应分配费用	分配率	应分配费用
4SIA 油嘴	9740				
6120 油嘴	5460				
165F 油泵	14800				
6120 输油泵	16200				
合　计	46200				

⑲ $\frac{1}{6}$

月末在产品成本计算资料

20××年12月31日

项　目	4SIA 油嘴		6120 油嘴		165F 油泵		6120 输油泵	
	在产品数　量	完工程度	在产品数　量	完工程度	在产品数　量	完工程度	在产品数　量	完工程度
金工车间	3400	20%	2200	20%	5000	30%	2000	20%
热锻车间	4000	40%	1800	40%	4000	50%	1000	40%
油泵车间					8000	80%	1500	90%
油嘴车间	6600	80%	2100	80%				

⑺ $\frac{2}{6}$

之江油泵油嘴厂产品入库汇总表

20××年12月31日

产品名称	规格	计量单位	入库数量	备注
油嘴	4SIA	套	18740	
油嘴	6120	套	4800	

生产车间：何云来　　　　仓库管理员：陈　玲

⑺ $\frac{3}{6}$

之江油泵油嘴厂产品入库汇总表

20××年12月31日

产品名称	规格	计量单位	入库数量	备注
油泵	165F	套	25000	
输油泵	6120	套	1800	

生产车间：孙观明　　　　仓库管理员：陈　玲

⑺ $\frac{4}{6}$

产品成本汇总表

20××年12月　　　　单位：元

应借科目	产品名称	产量	总成本或单位成本	直接材料	直接人工	加工费用	制造费用	成本合计
库存商品			总成本					
			单位成本					
			总成本					
			单位成本					
			总成本					
			单位成本					
			总成本					
			单位成本					
合计			总成本					

制表人：

⑲ $\frac{5}{6}$

成本计算过程计算表（分配率保留小数点后四位）

4SIA 油嘴计算

1. 约当产量

直接材料 =

工费项目 =

2. 费用分配

材料费用分配率 =

完工产品 =

在产品 =

人工费分配率 =

完工产品 =

在产品 =

加工费分配率 =

完工产品 =

在产品 =

制造费用分配率 =

完工产品 =

在产品 =

完工产品成本 =

在产品 =

6120 油嘴计算

1. 约当产量

直接材料 =

工费项目 =

2. 费用分配

材料费用分配率 =

完工产品 =

在产品 =

人工费分配率 =

完工产品 =

在产品 =

加工费分配率 =

产成品 =

在产品 =

制造费用分配率 =

完工产品 =

在产品 =

完工产品 =

在产品 =

⑲ $\frac{6}{6}$

成本计算过程计算表（分配率保留小数点后四位）

165F 油泵计算

1. 约当产量

直接材料 =

工费项目 =

2. 费用分配

材料费用分配率 =

完工产品 =

在产品 =

人工费分配率 =

完工产品 =

在产品 =

加工费分配率 =

完工产品 =

在产品 =

制造费用分配率 =

完工产品 =

在产品 =

完工产品 =

在产品 =

6120 油泵计算

1. 约当产量

直接材料 =

工费项目 =

2. 费用分配

材料费用分配率 =

完工产品 =

在产品 =

人工费分配率 =

完工产品 =

在产品 =

加工费分配率 =

完工产品 =

在产品 =

制造费用分配率 =

完工产品 =

在产品 =

完工产品 =

在产品 =

⑧⓪

坏账准备计提表

年 月 日 单位：元

项目		金额
应收账款和其他应收款期末余额		
提取比例		
期末应保留坏账准备		
“坏账准备”账户现有余额	借方	
	贷方	
本期应提或应冲销坏账准备	应提	
	应冲销	

⑧①

国库券利息计算表

20××年12月31日 金额单位：元

面值	年利率	应计利息
140000	10%	14000

⑧②

商品销售成本计算表

年 月 日 金额单位：元

产品名称	计量单位	月初结存		本月入库		本月销售	
		数量	总成本	数量	总成本	数量	总成本

⑧③

"应交增值税"明细账期末余额表

年　月　日

明细账户名称	借方余额	贷方余额

⑧④

城建税、教育费附加计算表

20××年12月31日

项　目	计税依据	计税标准	应计金额
城建税			
教育费附加			
合　计			

⑧⑤

所得税计算表

项　目	利润总额	纳税调整数	应纳税所得额	税率（%）	应交所得税
本期数					
累计数					

⑧⑥

损益类账户期末余额表

年 月 日

账户名称	月末余额	
	借方	贷方
主营业务收入		
其他业务收入		
投资收益		
营业外收入		
主营业务成本		
主营业务税金及附加		
其他业务支出		
营业费用		
管理费用		
财务费用		
营业外支出		
所得税		

⑧⑦

“本年利润”账户期末余额表

年 月 日

账户名称	借方余额	贷方余额
本年利润		

⑧⑧

之江油泵油嘴厂盈余公积计提表

年　月　日

项　目	企业净利润	计提比例	计提金额
法定盈余公积			
合　计			

⑧⑨

之江油泵油嘴厂应付利润计算表

年　月　日

项　　目	金　　额
净利润	
减：提取盈余公积	
加：其他转入	
年初未分配利润	
可供分配利润	
应付利润	

⑨⓪

“利润分配”账户期末余额表

明细账户名称	借方余额	贷方余额
提取法定盈余公积		
应付利润		
其他转入		